Christa Wolf
Ansprachen

Luchterhand
Literaturverlag

Lektorat: Ingrid Krüger
Copyright © by Luchterhand Literaturverlag, Darmstadt, 1988
Alle Rechte für die Bundesrepublik Deutschland,
West-Berlin, Österreich und die Schweiz beim
Luchterhand Literaturverlag GmbH, Darmstadt, 1988.
Umschlagentwurf: Max Bartholl. Umschlagfoto: Barbara Klemm.
Gesamtherstellung: Clausen & Bosse, Leck
Printed in Germany
ISBN 3-630-86684-0

CR 19.95

Christa Wolf
Ansprachen

Ein Modell von der anderen Art

Prioritäten setzen

Für Erich Fried zum 65. Geburtstag

Lieber Franz.
Brief an Franz Fühmann

Zum 80. Geburtstag von Hans Mayer

Laudatio für Thomas Brasch

Dankrede
für den Geschwister-Scholl-Preis

Zwei Plädoyers

Ein Modell
von der anderen Art

Meines Erlebnisses bin ich mir sicher: Ich war ergriffen von jener Frauenstatue in einem der vorderen Säle des Archäologischen Nationalmuseums in Athen. Unsicher bin ich, wie ich mir selbst dieses Erlebnis erklären soll. Vor-Wissen könnte ich anführen: ein seit Jahren anwachsendes Interesse an der Ur- und Frühgeschichte besonders der Völker und Stämme des Mittelmeers. Gewöhnung meiner Augen an die andersartige Schönheit archaischer Formen; ein immer sich wiederholendes Angerührtsein durch jene kleinen, meist weiblichen Ton-Idole aus dem Neolithikum, die oft Alltagsszenen darstellen. Aber diese Statue ist nicht klein. Sie ist einen Meter fünfzig groß. Sie ist aus Stein – parischer Marmor –, weiß. Sie tut nichts. Sie blickt mich an.

Hat sie überhaupt Augen? Ja – Reste davon. Die könnten, lese ich später, ursprünglich aus dunklen Steinen gewesen sein oder, wie das Haar, gemalt. Sie sei gut viertausend Jahre alt: spätes Neolithikum, frühe Bronzezeit. Sie komme von den Kykladen – eine aus einer Vielzahl gleichartiger Skulpturen, meist kleine Idole, Grabbeigaben. Die Größe dieser Statue mache es wahrscheinlich, daß man das Abbild einer Göttin vor sich habe. Eine jener von den Ur-Müttern herkommenden vielfältigen und vielgestaltigen weiblichen Gottheiten, die den Ackerbauern und Viehzüchtern in ihren stärker matriarchalisch bestimmten Gesellschaften Fruchtbarkeit, Lebensfülle verhießen.

Woher aber jener Stoß, als ich vor ihr stand. Ungewarnt, hatte ich keine Zeit, eine Abwehr aufzubauen. Meine gemischten Gefühle irritierten mich: ein Aufblitzen von Wiedererkennen. Konfrontation. Freudige Zuneigung. Fremdheit. Am seltsamsten: eine Unterströmung von Trauer. Eine Empfindung: Die will was von dir. Wie sieht die dich denn an. – Ein Blick durch die Zeiten. Durch übereinandergelagerte, ineinander verfilzte Schichten von Entfremdung.

Nostalgie? Gewiß nicht. Kein Hang, mich in primitive Menschheitsstufen zurückzuträumen, keine verstohlene Sehnsucht nach den undifferenzierten Erscheinungsformen der Gattung, kein heimliches Verlangen nach Rückkehr ins Paradies.

Diese Frau, durch die Skulptur auf ihre Grundform gebracht, ohne reduziert zu sein, ist rätselhaft. Sie hat ein Geheimnis. Dieses Urbild, dessen Wesentliches hervorgetrieben wird, fordert mich heraus, mein Wesentliches zu suchen, mich ihm zu stellen. Sein Appell zielt nicht auf den Bereich des Banalen, auf den der materiellen Bedürfnisse. Er scheint mir aus einer devotionalen Sphäre zu kommen, in der das Wort »sacra« die Doppelbedeutung von »heilig« und »verflucht« noch nicht verloren hat. Die Geburt des Teufels findet später statt. Die Göttinnen der Frühzeit sind nicht »gut« oder »böse«, es mag nicht einmal diese Wörter gegeben haben, so wenig wie Scham und Reue.

Welche Erfahrung in mir antwortet dieser Figur?

Sie ist ja kein unbeschriebenes Blatt, nicht neutral, nicht beliebig deutbar und verwendbar. Ackerbauern und Viehzüchter, die zu ihren eigenen Gunsten in die Natur eingriffen, haben diese Frauenfiguren sich gegenübergestellt. Herrinnen? Göttinnen? Zeichen der ersten Angst, des ersten Zwiespalts und Mangels, der frühen Entfremdung. In diesem Sinn – der uns geläufig ist – scheint diese Frau mir »wissend«, nicht naiv. Der Bruch in ihr ist die Brücke zu mir. Angebetet, zum Idol gemacht zu werden, entfremdet die Frau ebenso stark von sich selbst, wie unterdrückt, geknechtet, ausgebeutet zu sein.

Ist diese Statue den Männern, die sie zum Kunstwerk, zum Artefakt gemacht haben, auch ein Angst-Bild gewesen? Als der selbstverständliche Lebenszyklus von Geburt, Tod, Erneuerung und Wiedergeburt, den die frühen Muttergöttinnen im Wortsinn verkörpern, zerbrach? Als die Sexualität der Frauen als bedrohlich erlebt wurde und Männer den Zwang verspürten, sie zu zähmen? Ist unsere »Frau mit den gefalteten Armen« eine Nachfahrin der »brüstepressenden«, üppigeren, aufreizenderen Figuren? Noch später wird sie – die Liebesgöttin, Fruchtbarkeitsgöttin, Todesgöttin in einer Person war – durch den männlichen Götterhimmel ersetzt werden, dann wird das Patriarchat Ersatz auf Ersatz türmen müssen, das Bild der furchteinflößenden Jungfrau immer tiefer zu verdrängen, um sich selbst zu rechtfertigen und zu behaupten. Immer trivialere Bedürfnisse werden sich an den immer oberflächlicheren Surrogaten entzünden, immer flüchtigere Befriedigung kreist um das nun wirklich bedrohliche Syndrom der inneren Leere; eines dieser Ersatz-Mittel wird die aus der Sphäre des Heiligen vertriebene, zum Trivialobjekt gemachte Frau. Nun erfahren wir – ob Mann, ob Frau – jeder in sich die Gefahr des Umkippens unserer Welt der toten Dinge in eine tote Welt, in eine Welt der Toten. Nekrophilie als Endzeitsymptom. Die Alternative: Wiedergeburt.

Ich fragte mich, vor der Statue im Athener Museum: Wenn die uns suggerierten Kurzzeit-Modelle sich immer schneller abnützen, immer häufiger ausfallen – ist dann nicht vielleicht der Sog, der von diesem Standbild ausgeht, ein Zeichen für Sehnsucht nach Modellen einer ganz anderen Art?

Januar 1987

Prioritäten setzen

Rede auf dem internationalen
Friedensforum des Schriftstellerverbandes
der DDR in Berlin

Liebe Kollegen,
die Zeit schreitet voran, die Foren wechseln, man glaubt, zu dem Thema, das uns zusammenführt, sei alles gesagt, trotzdem läßt man sich, gegen den eigenen Widerstand, von sich selbst überreden, noch einmal etwas zu sagen, damit es nicht einmal zu wenig sei. Seitdem wir vor sechs Jahren in größtenteils anderer Zusammensetzung, von Stephan Hermlin eingeladen, auch hier in Berlin zusammenkamen zur »Berliner Begegnung«, ist dieser Teil von Berlin nicht nur weiter aufgebaut worden, vor allem wurde er zuerst einmal um- und umgegraben. Ich wohne in Berlin-Mitte. Monatelang habe ich, wohin ich auch von meiner Wohnung aus zu gehen hatte, in Gräben gesehen, bin auf provisorischen Holzbrücken über andere Gräben balanciert, in denen verrostete, verwitterte wirre Kabelbündel lagen, die zu erneuern waren. Manchmal geriet ich an Ausgrabungen, die, zum Beispiel mitten unter dem Verlauf einer heutigen Straße, Kellerecken früherer Gebäude freigelegt hatten und, wiederum ein Stockwerk und eine Epoche tiefer, die beinahe unbeschädigte Kachelwand einer Fleischerei. Manchmal Schichten, die durch verbrannte Balken voneinander getrennt waren. Angekohlte Mauerstücke. Für mich wuchs die Stadt in die Raum- und Zeittiefe, ein mögliches Objekt der Archäologie wie Pompeji: Auch Schichten von Aschenregen haben sich unter der letzten Schicht, den

Bürgersteigen, auf denen wir entlanglaufen, abgelagert. Eine sehr alte, ernste Stadt, die unverdientes Unglück genauso erfahren hat, wie sie sich mit Schuld beschmutzte. Ihre heutige Gestalt, eine Erscheinungsform, die sie zu einer der aufregendsten, anstrengendsten und auch gefährlichsten Städte Europas macht (auch zu einer der absurdesten, das wurde gestern hier gesagt), offenbart eine Bruchstelle der Geschichte, so wie die Grabenwände die materiellen Bruchstellen bloßlegen, die die Geschichte, was heißt: die Kriege der letzten Jahrhunderte, der Stadt geschlagen haben. Ich gebe zu, daß ich vor sechs Jahren nicht nur für diese Stadt, aber auch für sie, von Visionen verfolgt wurde, die ich mich scheue, aufzuschreiben. Es regierte die Doktrin vom Gleichgewicht des Schreckens, ein absurder Wahnsinn, der nach meiner Überzeugung nur in ein Ende mit Schrecken münden konnte. Die Beschwörungen, die wir, auch ich, damals ausstießen, hingen buchstäblich in der Luft.

Heute beziehen sie sich auf konkrete Vorschläge, von denen einige schon Verhandlungsgegenstand geworden sind, auf jenes neue Denken, das die UdSSR an die Stelle der heillosen Fixierung auf ein Feindbild setzt und womit sie zu meiner großen Erleichterung Realität auf den Verhandlungstisch bringt, Realität mit ihren konkreten Widersprüchen, der ja das wahnwitzige Jonglieren mit Zahlen von Raketen und Sprengköpfen gerade ausweichen wollte. Soviel ich weiß, hat in der Geschichte der Menschheit nch niemals die Möglichkeit zur Diskussion gestanden, schon vorhandene Waffen und Waffensysteme ersatzlos zu vernichten – ein Vorgang, der, so stelle ich mir vor, in den Köpfen von Millionen von Menschen eine Blockierung lösen könnte, die sie bis heute hindert, ihre wirklichen Interessen und mögliche Wege, sich ihrer anzunehmen, zu sehen. Die Angst, die das Wesen dieser Blockierung ist, hat sich auch in eben diesen Waffensystemen materialisiert, Raketen sind – außer daß sie in einem Teil der Welt Geschäftsobjekte sind – verkörperte Angst. Wenn nämlich die Millionen sogenannter einfacher Leute, die keinen Heller an Aufrüstung verdienen, diese Angst nicht hätten, so hätten sich – selbst bei dem hohen Grad der Entfremdung, der das kapitalistische Wirtschaftssystem bestimmt – die Konzerne wohl doch andere Gelegenheiten einfallen lassen müssen, ihren Maximalprofit zu machen.

Wir, für die Aufrüstung eine unerträgliche Belastung ist und keinen Profit bringt, müssen etwas tun gegen die Angst der vielen. Natürlich spreche ich nicht davon, daß wir versuchen sollen, Leute zu überzeugen, die ihre Angst nur heucheln. Zweifel hege ich auch in bezug auf jene Techniker und Wissenschaftler, die sich in den Rausch der Vision von totaler Sicherheit verrannt haben – der Kehrseite des Aufrüstungsfiebers. Der sehr deutsche Mythos von Siegfried, dem Helden, der den Lindwurm tötet und sich mit dessen Blut bestreicht, das ihn unverwundbar macht bis auf die eine Stelle seines Körpers, die er nicht erreicht, den Fleck zwischen den Schulterblättern, wo der Speer ihn dann durchbohrt, dieser Mythos sollte uns lehren: Immer gibt es eine

Stelle, an der wir verwundbar sind, es ist unsere lebendige, menschliche Stelle; wenn wir auch die verschließen, hören wir auf zu atmen und sind tot. Diese Stadt, in der wir leben, diese zwei Städte mit Namen Berlin – sie sind militärisch nicht zu verteidigen. Sie sind verletzbar. Welchen Vorschlag machen uns diejenigen, die sich jetzt gegen eine Null-Lösung für *alle* in Europa stationierten Raketen wenden, für diese Stadt?

Wovor haben sie wirklich Angst: vor den sowjetischen Raketen oder vor den neuen sowjetischen Ideen? Vor ihren Soldaten oder vor ihren Filmemachern und Schriftstellern? Der Prozeß, der in der Sowjetunion in Gang gekommen und mit dem Namen Gorbatschow verknüpft ist, hat eine bewegende Logik. Es zeigt sich, daß eine radikale, mit Kühnheit und Konsequenz betriebene Friedenspolitik, deren *erster* Schritt die Abrüstung ist, nach und nach alle Gebiete des Lebens einer Gesellschaft ergreifen muß, weil nämlich Frieden auf Dauer nicht die Abwesenheit von Krieg ist, sondern Konfliktfähigkeit, ein langer mühsamer Lernprozeß, der in den Staaten und Gesellschaftsordnungen, im Umgang mit den realen Widersprüchen, mit Andersdenkenden und Minderheiten zu beginnen hat, um nach außen hin glaubwürdig zu sein, das heißt: Angst abzubauen und wirksam zu werden. In einem solchen Prozeß übrigens kann die Kunst, kann besonders die Literatur, wie sich zeigt, wieder eine ihr gemäße Rolle spielen.

Ich bin dafür, Prioritäten zu setzen. Ich bin für die Priorität der Abrüstung, und ich bin sehr froh, daß die

Regierung der DDR diesen Prozeß unterstützt und mit vorantreibt, aus innerer Überzeugung, wie ich glaube, und nicht als taktisches Manöver. Von da ausgehend, könnte Gorbatschows Forderung, die Moral nicht mehr von der Politik zu trennen, sich vielleicht allmählich ausbreiten – auch eine jener Wunschphantasien, die uns aus unseren Manuskripten als naiv gestrichen werden, solange nicht eine Weltmacht sie zu dem macht, was sie immer schon waren: Äußerungen des gesunden Menschenverstandes. Ich habe es erlebt, wie innerhalb eines Jahrfünftes eine Reihe solcher gestrichener Sätze zu Aussagen und Forderungen der großen Politik werden, die in den Zeitungen stehen. Mir macht das Spaß, aber es regt mich auch an, weiterzudenken, über das hinaus, was heute noch nicht in den Zeitungen steht; denn wenn die Angst vor der globalen Vernichtung nachläßt – noch sind wir lange nicht soweit –, dann fängt die eigentliche Arbeit ja erst an. Dann müssen wir uns ohne den infantilen Ausweg der Gewalt, die alles zerschlägt, mit dem aggressiven Charakter unserer Zivilisation wirklich auseinandersetzen, der mit dem Verschwinden der Waffensysteme ja nicht verschwinden würde. Dann würde sich vielleicht deutlicher noch als jetzt zeigen, was es über eine Kultur aussagt, wenn sie ihren verschwenderischen Bedarf an Energie mehr und mehr durch einen Kraftwerkstyp deckt, der selbst zu einer Gefahrenquelle ersten Ranges werden kann.

In Leserbriefen werde ich gefragt: Wann und wo hat es denn das in der Menschheitsgeschichte gegeben, daß herrschende Klassen oder privilegierte Schichten freiwillig auf ihre Privilegien, was einschließt: auf den Mißbrauch und die mißbräuchliche Ausbeutung der irdischen Güter, verzichtet hätten? Glauben Sie nicht, schreibt man mir, daß Rüstung und Überrüstung auch die Angst der reichen Nationen ausdrücken, ihr bequemes Leben, ihren Luxus noch einmal zur Disposition stellen zu müssen, wenn dieser Planet, bestehend aus Nord- *und* Südhalbkugel, wirklich befriedet werden soll? Ja, das glaube ich allerdings, und auf die Frage, wie wahrscheinlich es ist, daß sich auch in dieser Hinsicht die Vernunft durchsetzen kann, habe ich keine Antwort. Eine fast unlösbar erscheinende Problematik, die ich hier nur angerissen habe, weil ich davon überzeugt bin, daß auf Dauer der Frieden nur zu sichern ist, wenn man weiß, wozu und wofür.

Mai 1987

Für Erich Fried
zum 65. Geburtstag

Lieber Erich,
entsinnst du dich eigentlich, wo wir uns zum erstenmal begegnet sind? Es war beim »Steirischen Herbst« in Graz, im Jahr 1980. Das Thema hieß: »Männersprache – Frauensprache«, und das Forum im Stadtpark barst vor den so lange niedergehaltenen Leidenschaften, die endlich zum Ausbruch kamen. Ich fand es anstrengend, und mit Staunen sah ich dir zu, wie du deiner scheinbaren Gebrechlichkeit vom frühen Morgen bis in die späte Nacht eine unermüdliche, ununterbrochene passionierte Teilnahme abgewannst: Wohin man auch kam – du warst schon da, warst gerade dort gewesen oder wurdest in der nächsten Stunde erwartet. Inzwischen weiß ich, dies ist dein Normalverhalten. Wie du das all die Jahre über machst und dabei schreibst, schreibst, schreibst – das ist mir rätselhaft; aber es ist nicht das, worüber ich sprechen wollte. Ich wollte erzählen, wie du, ausgerechnet du, dich als Macho entlarvtest.

Es war bei der letzten Veranstaltung des »Forum Stadtpark« – erinnerst du dich? Noch einmal waren alle Autoren, die die Woche über gelesen und diskutiert hatten, auf der Bühne versammelt, du saßest rechts neben mir. Wieder kochte der Saal, und es wurde alles – nicht nur Vernünftiges – emphatisch vorgetragen. Leider weiß ich den Anlaß nicht mehr, der zu einem immer heftiger werdenden Dialog zwischen dir und einer der Frauen im Auditorium führte, ich gebe zu, logisch waren die Anklagen oft nicht, die wir alle anhören mußten, die aber an diesem Morgen eben besonders du zu hören kriegtest: in den Verhältnissen, die Frauen zu solchen Anklagen treiben, liegt ja auch keine oder eben nur eine absurde, zerstörerische Logik. In meiner Erinnerung versuchtest du, zu einem klärenden Wort, schließlich überhaupt nur noch zu Wort zu kommen – statt dessen wurde dir ein besonders aggressiver, maßloser, unvertretbarer Satz entgegengeschleudert, auf den du, bis zum äußersten provoziert und ebenfalls schier außer dir, zurückschriest: Ja, sind Sie denn verrückt!

Stille, den atemlosen Bruchteil einer Sekunde lang, dann das drohend anschwellende Geheul des Saales. Zum erstenmal in meinem Leben sah ich mich nach einem Notausgang von der Bühne um. Du aber, lieber Erich, warst total zerknirscht. Während der Disput schließlich weiterging, fingst du an, dich zu martern, dein Unbewußtes zu durchforschen nach den Quellen dieses dir selbst vorher nicht bekannten Machismo. Du machtest mich zum Zeugen dieser Selbstpeinigung, es hat dir kein Essen geschmeckt, du warst damit beschäftigt, den Kopf über dich zu schütteln. Einspruch ließest du nicht gelten. Und ich, überzeugt, daß du es nicht nötig hattest, dieses selbstkritische Kopfschütteln – ich merkte bald: Ich hatte es nötig. An dir kann ich immer erneut lernen, daß dem Autor eines ohne das andere nicht gestattet ist: die scharfe, mutige, unbestechliche, niemals nachlassende Kritik an den Mißständen der Welt, der Systeme, Institutionen nicht ohne die wachsame, ja: überredliche Aufmerksamkeit gegenüber der eigenen Gefährdung und Fehlbarkeit. Ich brauche und danke dir beides.

Für mich bist du einer von diesen Emissären, deren es in jeder Zeit eine Handvoll gibt. Deine Botschaft: daß es menschenmöglich ist, diese Spannung, in die du dich gestellt hast, über Jahre, Jahrzehnte auszuhalten und produktiv zu machen. Vielleicht ziehst du gerade aus ihr deine unerschöpfliche Energie. So kann ich dir ein Nachlassen dieser Spannung nicht wünschen. Ich wünsche dir ihre Dauer und die Dauer deiner Produktivität.

April 1986

Brief an
Franz Fühmann

Neu Meteln, 27. Juni 79

Lieber Franz,
als ich gestern in Wismar war, die Postsendungen aufgeben – auch die mit meinem Büchlein für Dich (wobei ich übrigens ein Lehrmädchen auf der Post nur mit Mühe daran hindern konnte, mir ganze hundert Mark zuviel herauszugeben: Sie hatte die enorme Rechenleistung, von fünfhundert Mark dreihundertvierzig abzuziehen, nicht selbst vollführen können, sondern sie einer Rechenmaschine anvertraut, und der glaubte sie nun mehr als meinem simplen Vorrechnen mit den Fingern: Dies nur als Vor-Beispiel zum Hoffmannschen Maschinen-Menschen, der an den Automaten festhängt, die er gleichwohl nicht zu bedienen weiß) – als ich dann noch frisches Brot, den wunderbaren frischen Mecklenburger Zuckerkuchen, Zwiebeln, große und mittlere Briefumschläge, Farbbänder, Schlagschaum und schieres Rindfleisch gekauft, mußte ich leider zum Zahnarzte, und auch wenn ich auf dem Wege dorthin mit Gerd zusammen gegen jede Regel eine halbe Platte des herrlichen Kuchens im Auto aufaß (was ein großes Achtelblech ist) und mir die Zahnlücken mit Kuchenkrümeln und Zucker verstopfte, so konnte das doch meine Angst nicht besänftigen: Denn der Zahnarzt würde – und das tat er denn auch – an meinen beiden Vorderzähnen herumschleifen, von denen ein paar Jackettkronen (schreiben die sich so?) abgesprungen waren, und er würde

mich, wenigstens für drei Tage, mit zwei Zahnstummeln vorne oben entlassen. Und dies tat er auch, der böse Mann, wenn er mir auch, entgegen meiner Erwartung, sonst keinen Schmerz zugefügt hat. Aber nun war ich, bin ich, was mein Gebiß betrifft, drei unselig-gesegnete Tage lang im Hexenstand, und es muß von da eine Wirkung auf meine Rezeptionsfähigkeit von Hexischem, Zaubrischem, Unheimlich-Schaurigem ausgegangen sein, denn seit wir aus Wismar zurück sind bis eben, das heißt vierundzwanzig Stunden lang, mit Schlaf- und Eßpausen allerdings, las ich Dein Büchlein über E. T. A. Hoffmann, und es regte mich auf.

Und das nicht nur als Mit-Hexe, sondern als Mit-Lebende, als Mit-hier-Lebende, eine Feststellung, an die ich als Frage gleich eine Vermutung anfügen will: Glaubst Du eigentlich, daß man Deine Essays anderswo genauso verstehen, daß man ihnen in ihre Voraussetzungen, Assoziationen, ihre Betroffenheiten, Grimmigkeiten, ihre Polemik, ihre Inständigkeit, ihre beinah flehentlichen Beschwörungen und ihre schmerzlichen Schlüsse genauso folgen kann? Denn es ist ja nicht die Hoffmann-Lektüre, die sie hervorgebracht, es ist ja Deine Teil-Identifikation mit einem Mann, einem Autor, der im Grenzbereich zwischen zwei Wert-Systemen leben muß, die einander beeinflussen, aber nicht aufheben, geschweige durchdringen können – obwohl sie sehr wohl gleichzeitig in jedem Menschen wirken und er sehr oft nur die Wahl hat, nach dem einen oder nach dem andern, oft sogar: nach beiden schuldig zu werden. Denn das dritte, neue, »gültige« Wertsystem ist nicht in Sicht, und unserm Mann bleibt nichts, als seine gespenstisch beklommene Lage exakt, das heißt in Gespenstern, darzustellen. Und dies ist genau die Situation, die wir kennen, wenn wir sie auch spät – manchmal denk ich: für literarische Ausbeute zu spät – erkannt haben.

Dabei gab es doch schon diesen Bulgakow und seinen Roman »Meister und Margarita« – ein von mir inbrünstig verehrtes Stück Literatur –, der ja doch nicht aus Versehen und purem Zufall erst dreißig Jahre, nachdem er geschrieben, gedruckt worden ist und der die zeit- und ortsgerechte Variante jenes Teufelspuks »zwischen den Zeiten« beschreibt, zu der Hoffmann zu seiner Zeit seinen Beitrag leistet.

Denn mit den banalen Wörtern »Glauben« und »Enttäuschung« ists ja nicht getan, wenn diese Wörter auch das, was uns geschehen ist, im einzelnen Leben mit decken. Doch ich habe mir gerade jene Stellen in Deinen Aufsätzen dick angekreuzt, welche die Dialektik dieses Prozesses betonen (»und die Sünde war ja nicht immer Sünde, auch sie war einmal, wenn auch nicht Tugend, so doch das Notwendige gewesen«) und jene über die »rigorose Verdinglichungspraxis«: über diese furchtbarste Erfahrung, vom Geliebten – auch von der »geliebten Sache« – zum Werkzeug mißbraucht, zum Objekt gemacht zu werden: »Und daß es so gewöhnlich ist, daß man's nur bemerkt, wenn es einen selbst trifft, doch dann mitten ins Herz.« So ist es, und an solchen und manchen anderen Stellen hatte ich das unheimliche, nicht aber schauerliche Gefühl, Du arbeitest mir zu, vielleicht, wir arbeiten uns gegenseitig zu... Ich nage zur Zeit an dem gleichen Kloben, tat es schon mit Kleist und Günderrode. Kennst Du die letzten Prosaarbeiten der Bachmann? In »Todesarten« wird nichts anderes beschrieben als eben das: Das zum Sterben schauerliche Mißbrauchtwerden von dem, den sie am meisten geliebt.

Ich frage mich, ob jene ebenfalls schauerlichen Mädchen bei Hoffmann, diese Veronikas, die Hofrätinnen werden wollen, auf die Du öfter mit Recht schaudernd zurückkommst – ob nicht sie, unbewußt natürlich und ohne daß sie dadurch gerechtfertigt werden, eine Vor-Rache nehmen an dieser Männergesellschaft, die sie zur Geschichtslosigkeit verdammte? Was sollten sie denn sonst werden wollen als Hofrätin? Gretchens und Klärchens Schicksal ist ja so nachstrebenswert nicht: sich dem an sein Amt und die Politik, vielleicht sein Genie (Faust) gebundenen Mann ganz hinzugeben, führt schnurstracks zum Tode. Wer leben will von diesen Mädchen, der hat von Müttern und Großmüttern die Erfahrung geerbt, daß er – also sie – des Mannes *Amt* lieben muß, und sein Genie zum Gebrauchswert (für sich) zurechtstutzen: So sieht es ja, von den Mädchen her gesehen, aus, wenn auch natürlich der durchs weibliche Geschlecht zutiefst verwundete Hoffmann seinerseits in den seinen Schmerz- und Racheträumen entsprungenen Marionettenweibchen ganz wahr ist. Das ist es ja eben: Auf keiner Seite liegt das »Recht«, in solchen heillosen Zeiten muß eins das andere kaputtmachen und zerstören.

Muß es das wirklich? Werden, müssen die sich verselbständigenden Surrogate weiter und immer weiter Surrogate zeugen, Surrogate von Surrogaten, Ersatzgefühle, Ersatzleben, Ersatzmenschen? Was setzen wir dem, schreibend, entgegen? In mir ist seit einiger Zeit wieder eine große Sehnsucht nach dem Positiven, ohne Anführungszeichen, nach dem, was bleibt. Ich schäme mich schon, mich zu tief in Scheingefechte verstrickt, gegen vorgeschobene Schattenfiguren gefochten und in diesem Kampf meine Kräfte zerschlissen zu haben. Vielleicht war auch diese Erfahrung nötig, die, da ich nun mal eine Frau bin, auch zu der nicht unwichtigen Zusatzerfahrung geführt hat, daß Frauen, wenn sie in die Geschichte eintreten, mit keinem Pardon, keiner Schonung mehr zu rechnen haben; daß sie dann, wenn sie wirklich anfangen wollen, sich einzumischen, (natürlich) den gleichen Prozessen unterworfen sind wie die Männer jahrhundertelang, darunter Verdinglichungsprozessen, darunter den von ihnen selbst oft akzeptierten Anpassungsprozessen, die zu ihrer Neutralisierung führen. Also was tun? Sich raushalten? Schreiben? Ich weiß keine Lösung, die den *ganzen* Menschen befriedigen würde...

Aber das ist vielleicht schon wieder ein zu hoher Anspruch. Ich will Dir nur zeigen, wie Dein Buch einen ganzen Schwarm von Gedanken in mir aufgestört hat, der mir gerade recht kommt. Dankeschön, und mach's gut.

Deine C.

Zum 80. Geburtstag
von Hans Mayer

Verehrter Hans Mayer, meine Damen und Herren,
heute vor einer Woche träumte ich, in einem mir unbekannten schönen Haus fände ein großes Fest statt, viele, die ich kenne, seien gekommen – die meisten übrigens maskiert –, ich aber säße in einem kleinen Arbeitsraum über dem Festsaal und schriebe an dieser Rede, die ich noch vor Ende des Festes halten sollte. Immer wieder sah jemand besorgt und drängend zu mir herein, schließlich erwachte ich von einer lauten Stimme, die sagte: Ich werde nicht fertig. Es dauerte eine Weile, bis ich diese Stimme als meine eigene erkannte, und dann kam mir die Idee, den Wink ernst zu nehmen, warum sollte ich nicht einfach hingehen und sagen können: Herr Professor, ich werde nicht fertig, und warum sollte der Angeredete nicht, großzügig, wie er sein kann, erwidern: Sie brauchen Verlängerung? Genehmigt! Die Erleichterung hielt nicht lange vor, mir fiel ein, daß man ein Geburtstagsdatum nicht verschieben kann und daß ich von früh auf meine Lehrer und mich leider an Pünktlichkeit gewöhnt habe – pünktlich habe ich zum Beispiel mein erstes Referat bei Ihnen gehalten, es war im Spätherbst 1951 und ging über Romain Rollands »Johann Christoph«, Sie erinnern sich nicht, es war in Ihrer Übung »Große Romane der Weltliteratur«, lieber wäre ich in Ihr Oberseminar gekommen, aber Sie mußten, durchaus höflich, der Studentin, die aus Jena kam, Ihr Oberseminar versagen, ganz habe ich

erst bei der Lektüre Ihrer Erinnerungen verstanden, warum, und falls Sie argwöhnten, da sitze eine durch Ihre Antipoden aus dem Kreis um Professor Scholz Infizierte, hatten Sie recht, nur schien mir später der Graben zwischen Ihren Auffassungen über den deutschen »Sturm und Drang« und denen, die mich in Jena die Scholz-Mitarbeiterin Edith Braemer gelehrt hatte, nicht unüberbrückbar zu sein. Gleichviel, nun hatte ich über Rolland zu arbeiten, in zwei leeren Zimmern in Gohlis, zum Schreiben eine extrem unbequeme Wandbank und ein sogenanntes Clubtischchen aus einer aussterbenden Gattung, die Wände aber behängt mit düsteren Ölgemälden aus dem Besitz des Hauptmieters, ich mußte fürchten, das Kind, das ich bald zur Welt bringen würde, könnte durch den allzu frühen Anblick dieser Bilder Schaden nehmen, das mag zum Teil erklären, warum meine Erinnerungen an die vier Semester in Leipzig, soweit sie den Universitätsbetrieb betreffen, nicht sehr deutlich sind: Ich war anderweitig okkupiert, wenn auch, das muß ich zugeben, nicht durch die Bedrängnisse einer Studentin mit Kind, die trotzdem pünktlich – da ist es wieder, das Wort! – ihre Zwischenprüfung machen muß, nein: Auch das, was Sie später »Religionsgespräche« nennen werden, nahm mich stark in Anspruch. Es ging um den rechten Glauben an die reine Lehre, um die endlosen Auseinandersetzungen über Abweichungen und Abweichler, zu denen man nicht gerne gehören wollte, unter die man doch manchmal geriet, erneutes Bemühen um den »richtigen Standpunkt«, viel vergebliche Liebesmüh, viel Fremdheit und Zweifel, überdeckt durch Selbstquälerei und Rigorismus – nein: Mein Ort war das Leipzig der frühen fünfziger Jahre nicht, erneut wurde es mir klar, als ich Ihren bündigen Satz: »Mein Ort war der Hörsaal 40 in Leipzig« mit Bewegung wiederlas. «Augenblicke meines Lebens, wo ich ganz bei mir selbst war: der Blick vom Katheder in den einstigen Hörsaal 40 der Leipziger Universität«. Nun: den Gegenblick aufs Katheder könnte ich Ihnen beschreiben, aus der siebten oder achten Reihe, rechterhand, von Ihnen aus gesehen, dort habe ich meistens gesessen. Auch, wie Sie einmal zornig wurden, weiß ich noch: Auf Ihre Ankündigung hin, Ihre nächste Vorlesung müsse wegen einer Auslandsverpflichtung ausfallen, hatten wir fröhlich pennälerhaft Beifall geklopft, statt Bedauern zu zeigen. Anekdotisches. Der Lebens-Geschichte hinter der Verletzbarkeit des Professors haben wir nicht allzu begierig nachgefragt.

Ich fange an, in alten Kartons zu wühlen, da kann ich natürlich nie fertig werden; was ich suche, finde ich nicht, dafür kommt mein Studienbuch zutage, ich kann nun also dokumentieren, daß Sie in den fraglichen drei Semestern (im vierten, dazwischenliegenden, war ich ja beurlaubt, »wegen Krankheit«, steht da geschrieben, aber seit wann ist eine Entbindung eine Krankheit, und was soll der amtliche Stempel bedeuten: »Studiengebühren durch Gebührenerlaß vereinnahmt!«) –, daß Sie, sage ich, folgende Hauptvorlesungen hielten: Deutsche Literatur im Imperialismus. Literatur des demokratischen Deutschland. Deutsche Literatur seit

1830 – welch letztere ein Kolleg über Goethe erforderte, ich zögere, mich auf diesen Namen hier einzulassen, wohin soll mich das führen; wie Sie in einem Ihrer Bücher mit dem perfiden Titel: »Goethe. Versuch über den Erfolg« säuberlich der Kette von Mißerfolgen und von Versagen nachgehen, die, zuweilen und bei einer bestimmten Art von Personen, am Ende den »Erfolg« ausmachen – das lese ein jeder selbst, ich aber will nun auf die »Goethetage der Jugend« in Weimar zu sprechen kommen, 1949, vergeblich habe ich nach dem Programm jener Veranstaltung gesucht, bei der Sie, gerade aus Frankfurt am Main übergesiedelt, zum erstenmal auf dem Boden der sowjetischen Besatzungszone als Festredner auftraten, »Spiegelungen Goethes in der Gegenwart«, und ich muß dabeigewesen sein, mit einer Einladung bedacht für eine Arbeit zum Thema: »Goethes Auffasung von Persönlichkeit und Gesellschaft«, die habe ich übrigens gefunden, sie ist recht umfangreich. Jedoch ich war im August in Weimar – ist es denn sicher, daß Sie am 22. März dort gesprochen haben? Wirklich: Es war heiß, als ich dort war, laue Nächte, zwei Jünglinge, ebenfalls Preisträger des Aufsatzwettbewerbs, die mich nach dem »Faust« (mit Lothar Müthel als Mephisto) spätabends ins Quartier begleiteten, der eine zu groß für mich, der andere zu klein, passend keiner, doch soviel ist sicher: Otto Grotewohl habe ich auch reden hören: »Du mußt steigen oder sinken, leiden oder triumphieren, Amboß oder Hammer sein!«, es hat mir eingeleuchtet, und wenn Sie schreiben: »Goethe war ich verfallen«, so hätte ich Ihnen, mit dem schuldigen Respekt meiner zwanzig Jahre, erwidern können: Ich auch. Ich muß damals in Ihrem Auditorium gesessen haben (haben Sie Ihre Ansprache womöglich im August wiederholt?), den Schauspieler, den Sie erwähnen, und seine Interpretation von Goethes »Symbolum« glaube ich im Ohr zu haben, in- und auswendig hätte ich es mitsprechen können: »Versäumt nicht, zu üben / Die Kräfte des Guten«: Das gehörte ja zu dem Grundbestand an Lebenshilfe- und Vorsatzliteratur, den ich mir nach dem Krieg in fliegender Eile angelegt hatte, eine Art Selbstrettungsaktion. »Wir heißen euch hoffen!« Das vor allem, und was denn auch sonst. Ja, Sie haben recht: Es waren die Jahrgänge 1929, 1930, die da vor Ihnen saßen im Weimarer Nationaltheater, und kein Zufall, sondern die Notwendigkeit des »geschichtlichen Augenblicks« – um eines Ihrer Haupt-Wörter aufzunehmen – hatte Sie und uns aus weiß Gott verschiedenen Richtungen zu jenem Anlaß und an jenem Ort zusammengeführt. Wir begannen zu empfinden, wie dringlich wir Lehrer wie Sie brauchten – Sie hatten genau diesen besonderen Lehrauftrag, der über die bloße Wissensvermittlung weit hinausging, gerade angenommen. »Nicht wahr, o Mutter, wen die Götter lieben, den führen sie dahin, wo man sein bedarf« – den Satz des Elpenor, den Goethe für sich auf Weimar münzte, Sie aber für sich auf Leipzig bezogen, fanden Sie, wie eine Botschaft, erst spät – Ihrem Gefühl hätte er damals wohl schon entsprochen. Zwischen Gebrauchtwerden und Nichtmehrgebrauchtwerden liegt dann der Ausschlag für die Entscheidung von Bleiben – oder Gehenmüssen, das verstehe ich heute noch weit tiefer als 1963; auch damals akzeptierte ich es mit Bedauern; wie ich auch jene Sehnsucht nachfühle, die Sie als ein, vielleicht als das Motiv Ihrer weitgehenden Annäherung an Kommunisten und die kommunistische Bewegung artikulieren: »...einer Gemeinschaft anzugehören, mit anderen gemeinsam für etwas zu wirken, auf etwas hinzuleben.« Diese Sehnsucht war nicht generationsgebunden. Es ging um das dem Nationalsozialismus von Grund auf Entgegengesetzte, um das Anknüpfen an die verschüttete, uns Jungen vollkommen unbekannte, zuletzt zerknüppelte republikanisch-demokratisch-sozialistische Tradition in der deutschen Geschichte, an die progressiv-bürgerliche, plebejisch-sozialistische Tradition in der deutschen Literatur. Uns allen, denke ich, die wir da 1949 im Weimarer Nationaltheater zusammenkamen, Goethe zu ehren, ging es um eine lebbare Alternative. – Das »wilde Prinzip Hoffnung«.

Daß es hart werden würde, hätte jemand uns damals schon voraussagen können, der imstande und willens gewesen wäre, alle Seiten aller Widersprüche zu überblicken, die in jenen geschichtlichen Augenblick beschlossen waren. Würde ich auch nur anfangen, sie aufzuzählen – ich würde nicht fertigwerden, ich kann mit ihnen nicht »fertig« werden. Sie, verehrter Hans Mayer, haben ihre volle Schärfe zu spüren bekommen: »Deutscher auf Widerruf« – nicht freiwillig, das kann man wohl sagen – haben Sie sich doch zugleich unwiderruflich, ohne auf ein Einspruchsrecht zu pochen, allen Zerreißproben ausgesetzt, die ein deutscher Schriftsteller in den beiden deutschen Staaten erfahren konnte. Wie sagt doch Elpenors Mutter: »Wer edel ist, der suchet die Gefahr, und sie sucht ihn, so müssen sie sich treffen.« Ich weiß nicht, wie Sie es heute sehen, aber mir scheint, die Beihilfe an der Überwindung jenes »unglücklichen Bewußtseins« der Deutschen, vornehmlich der deutschen Intellektuellen, lohnte und lohnt bis heute jede Anstrengung – auch die Über-Anstrengung, um jenes erneute »Auseinanderklaffen der politischen und geistigen ›Deutschheit‹ (wie Sie in Ihrem bisher letzten Buch das »unglückliche Bewußtsein« unter anderem definieren) zu verhindern, zu vermindern, zu verzögern, wenigstens bewußt zu halten. Schon in Ihren Leipziger Vorlesungen – daß ich es zugebe: auch eine Vorlesungsmitschrift habe ich aufgestöbert – fragen Sie, mit Ihrer besonderen Art von Instrument die Lebensläufe der Dichter abtastend, den heiklen Punkten nach, da die persönlichsten Antriebe der Autoren sich treffen – oder eben häufig: kollidieren – mit den gesellschaftlichen Gegebenheiten; entwickeln, aus harmlosen Fragen: Warum schrieb Heinrich Mann in den ersten Jahrzehnten dieses Jahrhunderts seine literarischen Essays nur über französische, Thomas Mann dagegen nur über deutsche Schriftsteller? Warum ging Goethe 1786 nach Italien? – ein Panorama der Zeitwidersprüche, führen die Entscheidungen eines jeden, auch die eines Johann Wolfgang Goethe, vor als »gesättigt mit Zeitlichkeit«, reduzieren also schon damals, als das noch keineswegs selbstverständlich war, die Motive für dessen Flucht nach Italien nicht auf seine privaten

Eigenschaften, auf die berühmten »Enttäuschungen« am Weimarer Hof oder die »Mißhelligkeiten« mit einer Dame, sondern Sie untersuchen die tiefe Lebenskrise eines politischen Menschen, der sich durch die zeitgenössisch-miserablen Verhältnisse »auf die Kreation zurückverwiesen« sieht, auf ein – entsetzlicher Gedanke! – »gesellschaftsloses Schöpfertum«.

Man nimmt ja auf, auch wenn man sich später nicht ausdrücklich an Einzelheiten erinnert, ich wundere mich heute, warum ich mich damals, in Leipzig, nicht fragte, woher der Professor eigentlich diesen plausiblen, unbekümmert dachte ich wohl: einzig plausiblen Umgang mit Literatur nahm. Viel später erst, durch die Bücher nämlich, die Sie nach Ihrem Weggang aus Leipzig schrieben, lernte ich Sie besser kennen, fand Worte bei Ihnen, die ich nicht erwartet hätte, eines von Ihnen, immer an entscheidend-krisenhaften Punkten Ihrer Biografie: »Erweckung«; eine der ersten Erweckungen erleben Sie im Zusammenhang mit der frühen Lektüre von Georg Lukàcs, der dem Einundzwanzigjährigen »nachwies«, »wo ich im geschichtlichen Augenblick stand, oder auch stehen könnte. Nun war es innerlich vorbei mit dem lethargischen Hinnehmen des Bestehenden, das mir immer unerträglicher vorkam: obwohl oder weil es an nichts fehlte. Außer an irgendeinem Sinn. Ich entdeckte die Geschichte und das marxistische Denken«. Diese Entdeckung ist, so zahlreiche und weitgehende Differenzierungen der Achtzigjährige selbstverständlich an ihr hat vornehmen müssen, nicht widerrufen worden, eine Alternative zu ihr hat sich nicht aufgetan. Ein anderer Lehrer, in der Schweizer Emigration, Carl J. Burckhardt, hat Sie gelehrt, »die Werke der Schriftsteller nicht als Indiz für Historisches zu benutzen, sondern als Schöpfungen eigenen Rechts ernstzunehmen«: Da hatten Sie also die Grundbestandteile Ihres späteren Instrumentariums als Literaturwissenschaftler, aber, vor allem: Von nun an akzeptieren Sie die Bestimmung, ein Schriftsteller zu sein, mit Neigung zur Dramatik, übrigens: »Warum wurde ich kein Dramatiker?« Gestatten Sie mir, eine Vermutung zu wagen: Weil Ihrem Ich die Rollen, die das Theater geboten hätte, in gewisser Weise nicht genügten, es brauchte die der Dichter: noch tiefere Verstecke, noch zuverlässigere Masken, noch geheimere Möglichkeiten der Identifizierung. Ich weiß nicht, ob Ihnen bewußt ist, wie häufig Wörter wie »geheim«, »insgeheim« in Ihren Erinnerungen vorkommen, verständnissinnig habe ich Sie wichtigste Bekenntnisse in beiläufige Nebensätze, auch sonst an »entlegener Stelle« der beiden Bücher unterbringen sehen – da mag sie finden, wer will, das heißt: Wer genau und mit Sympathie und Einfühlung liest.

Daß nicht der verwirklichte Zustand der einst erhofften, sicherlich auch zu ungeduldig herangewünschten Alternative die Lebensform linker deutscher Intellektueller in diesem Jahrhundert sein kann, sondern die nie aufgegebene Suche nach ihr und die Arbeit für sie – diese Einsicht mag eine neue Färbung in das »unglückliche Bewußtsein« bringen, jedenfalls verbietet sie, sich in ihm einzurichten. Siebenunddreißig Jahre nach der

Goethefeier in Weimar, dreiundzwanzig Jahre nach Ihrem Weggang aus Leipzig haben wir wieder zusammen in einem Saal gesessen, Sie wissen, worauf ich nun anspiele, wieder waren Sie der Vortragende, das Thema diesmal: Karl Kraus, der Saal gehört zur Akademie der Künste der DDR, es war der November 1986. Ein neuer geschichtlicher Augenblick, der, irre ich mich nicht, neben immensen, noch gesteigerten »Gefahren« doch auch Ansätze von Hoffnung in sich zu bergen scheint – Hoffnung in sehr veränderter Gestalt, mir schien es nicht übertrieben, Ihr Hier-Sein (also Da-Sein) unter die Hoffnungszeichen zu rechnen. Und wieder geht es, besonders für die, die heute jung sind, um eine lebbare Alternative – ein Anspruch, das wird sich zeigen, der nicht durch Sichern des nackten Überlebens allein, so vordringlich es heute ist, zu erfüllen sein wird. Vielmehr wird das nackte Überleben, ohne daß an der Frage: Wozu und wofür? gearbeitet wird, auf Dauer nicht zu sichern sein, also nicht ohne die Entwicklung eines eingreifenden alternativen Denkens. Wenn ich Sie richtig lese, arbeiten Sie rastlos daran, das Dictum, das Sie, sozusagen mit der einen Hand erteilen: Die Aufklärung ist gescheitert!, mit der anderen in Frage zu stellen und aufzuheben. Aber eine Aufhebung des Verdikts der Folgenlosigkeit der Aufklärung ist ja nur denkbar, wenn man sich vortastet bis zu den Wurzeln dieser Folgenlosigkeit: daß sie, die Aufklärung, ein imponierendes Denk-Gebäude einer kleinen Gruppe europäischer intellektueller Männer war, die, was »menschlich« sein sollte, an sich selber maß.

Erinnern Sie sich an unser Abendessen in Tübingen, im Frühjahr 1976, als Sie mir Forelle empfahlen (»Forelle blau, das kann man hier unbesorgt essen« – gilt das eigentlich noch?) und mir Ihr neuestes Buch schenkten: »Außenseiter«. Da erst verstand ich die existentielle Bedeutung des Schreibens für Sie, aus einer nicht primär wissenschaftlich, sondern künstlerisch angelegten extremen Empfänglichkeit: für das Problematische im Menschlichen. Erfahrungen durch Schmerz machen, sein Thema nicht wählen können, sondern von ihm gewählt werden.

»Das Monstrum als Ernstfall der Humanität« – dieser Satz traf mich, er wirft Licht auf den durch den Aufklärungsrationalismus ins Verborgene gedrängten Untergrund dieser Zivilisation, gespannt verfolgte ich die Wendungen, die Sie ihm über die Kapitel »Judith und Dalila«, »Sodom« und »Shylock« geben – nein, nicht »autobiographisch«, da stimme ich Ihnen zu, aber doch wohl als Stück einer großen Konfession. (Daß sich die monströse Lage vieler Frauen heute, die durch das Emanzipationsangebot in total männlich verwalteten Gesellschaften in die Gefahr gebracht werden, ihre Identität nicht finden und neu definieren zu können, sondern erst recht zu verlieren – daß sich dieses Dilemma in den Kunstfiguren »Judith« und »Dalila« nicht fassen läßt, wird Ihnen bewußt sein; Kunstfiguren, die es ganz ausdrücken würden, hatten Sie allerdings nur wenige zur Hand.)

Je wichtiger gerade dieses radikalste Ihrer Bücher mir wurde, um so mehr tat es mir leid, daß mein neuestes

Buch kurze Zeit später Sie nicht für sich einnehmen konnte – die Wahrheit, die Sie damals mir abverlangten, war nicht meine Wahrheit, was Sie erwarteten, konnte ich nicht wollen. Das war kein Mißverständnis, das waren verschiedene Sichtweisen aufgrund unterschiedlicher Entscheidungen. Auf »Unaufrichtigkeit« ließen sich die Mängel meines Buches nicht zurückführen, der auch für mich zentrale Konfliktstoff, den Sie unter anderem vermißten – die Deformierung der kommunistischen Bewegung in der Stalinzeit und ihre Folgen für jeden, der ihr angehörte –, konnte in meiner Auseinandersetzung mit dem deutschen Faschismus nur am Rand erscheinen, und die Problematik des Landes, an dessen Veränderung ich immer noch mitzuwirken hoffte, mußte ich anders akzentuieren als Sie, dem die Möglichkeit einzugreifen entzogen worden war. Da ich zu dieser Entscheidung keine Alternative sah, bin ich immer, auch als Autorin, sehr behutsam umgegangen mit allen, selbst bescheidenen Anzeichen von schöpferischen Veränderungen in der gesellschaftlichen Praxis. (Behutsam, nicht unkritisch oder unaufrichtig, das darf ich sagen.) Diese Lebenszeichen noch oder sie eben nicht mehr wahrnehmen zu können, war für mich eine existentielle Frage, sie ist es geblieben, ich merke es in diesen Monaten wiederauflebender Hoffnung.

Es gibt auch ein authentisches Schweigen, es kann beredt sein, ich glaube nach der Lektüre Ihrer Erinnerungen, daß sie mit diesem Satz von Grund auf vertraut sind und ihm stillschweigend Geltung verschaffen, nicht alles ist jederzeit sagbar und muß und soll gesagt werden. Dies gilt auch für diese Rede, mit der ich, nun müssen auch Sie es zugeben, nicht fertig werden kann.

Ich muß nämlich noch auf einen Sprung zurück nach Leipzig, das Bezugspunkt bleibt, da hilft alles nichts, und ich kann uns die Erwähnung einer Szene nicht ersparen, die wiederum in Ihrem Dienstzimmer spielt und einer gewissen Komik nicht entbehrt. Ich hatte es mir, zu Anfang des Jahres 1953!, in den Kopf gesetzt, meine Staatsexamensarbeit (pünktlich, was denn sonst) über die Prosaliteratur der DDR zu schreiben, Sie sagten unwirsch – was Sie dann, nachzulesen in Ihren Erinnerungen, sich nicht enthalten konnten, auch öffentlich zu sagen –: »Rotangestrichene Gartenlauben!«, übergingen meinen Widerspruch und meine Empörung (ein paar Titel hätte ich Ihnen immerhin entgegenhalten können, von Seghers, Claudius, Strittmatter) und gaben mir, gar nicht so dumm, sage ich heute, das Thema: Das Problem des Realismus bei Hans Fallada. Nun. Meinen Lukàcs hatte ich ja auch gelesen, über Realismus wußte ich also alles, mit allmählich nachlassender Empörung fuhr ich jeden Tag die weite Strecke in die Deutsche Bücherei und saß denn da, damit beschäftigt, den hohen Stapel der Falladaschen Romane langsam kleiner zu lesen, aber bald – ich fürchte: von Anfang an – war mir klar, was ich dem Autor würde nachweisen können: Wie sehr nämlich seine kleinbürgerliche Ideologie dem Realismus seiner Bücher geschadet hat. Sie waren's zufrieden – erstaunlicherweise, kann ich nur sagen, nachdem ich nun auch diese wieder ans Tageslicht gekommene Arbeit nochmals überflogen habe. Nein,

Zeugnis einer »Erweckung« ist sie nicht, aber mit frischem Diplom konnte ich mich endlich der Literaturszene der DDR zuwenden, die nun einmal eine unwiderstehliche Anziehungskraft auf mich ausübte (bald, übrigens, schrieb ich auch gegen die rotangestrichenen Gartenlauben), und so trennten sich, wiederum nicht zufällig, unsere Wege, Sie fanden eine neue literarische Heimat in der Gruppe 47, ich empfand etwas wie einen Phantomschmerz, als ich las, mit welcher Wärme Sie von Ihren Zusammenkünften schreiben – die Freundeskreise und Gruppen, in denen wir uns trafen, hatten keine Namen, sie blieben im Westen unbeachtet wie übrigens auch sehr lange die Literatur, die da entstand, politische Enthaltsamkeit, die zum Reglement der Gruppe 47 gehörte, hätten wir uns allerdings nicht vorstellen können, im Gegenteil: Vielleicht haben wir die Politik zu sehr ins Zentrum gestellt, so bekam sie Macht, zu binden und zu lösen. Der Weggang von Gefährten, der ja in vielen, nicht in allen Fällen von nachlassender Integrationskraft der eigenen Gesellschaft zeugt, ist eine sehr schmerzliche Erfahrung.

Nein: Ich werde nicht fertig. Ich komme zum Schluß. Wieder ein Saal, in dem wir zusammensitzen. Verkehrte Voraussetzungen: Ich spreche zu Ihnen. Wer mir, zu einem beliebigen Zeitpunkt der Vergangenheit, hätte prophezeien wollen, daß ich Ihnen, verehrter Hans Mayer, zu oder jedenfalls kurz vor Ihrem 80. Geburtstag in der Westberliner Akademie der Künste öffentlich gratulieren würde, den hätte ich zum Phantasten erklärt. Sie wollten es so. Ich wollte mich diesem für mich nicht nur traumhaften, auch bedrängenden, schwierigen Arrangement eigentlich lieber entziehen. Pünktlich bin ich nun also doch wieder gewesen, um Verlängerung habe ich nicht nachgesucht – bin ich Ihnen auch gerecht geworden? Ich wünschte es. Ich wünsche, daß dies ein festlicher, ein »erfüllter« Augenblick für Sie sei – in dem Sinn, wie Sie die glückhaft erfüllten Augenblicke Ihres Lebens beschrieben haben. Ich wünsche, daß Sie ihn genießen können und daß er in Ihnen nachwirkt.

Ich danke Ihnen.

März 1987

Laudatio
für Thomas Brasch

Verehrte Anwesende,
das »Kleistische« war es, was ich zu suchen begann, nachdem mir das schwierige Amt zugefallen war, dieses Jahr einen Träger des Kleist-Preises zu finden. Das Kleistische in und an einem heutigen Autor. Und: Ich wollte versuchen, der Tradition gerecht zu werden, in der dieser Preis seit den zwanziger Jahren steht. Sie ist anspruchsvoll, drückt einen aber auch in eine bestimmte Richtung. Als mir Thomas Brasch einfiel, war ich erleichtert, er schien mir beide Bedingungen zu erfüllen. Jetzt, da ich alles von ihm wieder oder neu gelesen habe, bin ich dessen sicher. Inzwischen stiegen noch Nebenmotive für die Wahl gerade dieses Namens in mein Bewußtsein, sie haben zu tun mit der spannungsreichen Entwicklung der Literatur in der DDR, mit den Widersprüchen, der Fremdheit, der Neugier, dem Neid zwischen den Generationen, der Neigung zu Schuldgefühlen Älterer gegenüber Jüngeren, den diffusen Anziehungs- und Abstoßungsvorgängen zwischen Frau und Mann. Ich will das alles nicht ausführen, will nicht zu ergründen suchen, wie viele von diesen mir damals dunklen Antrieben meine Entscheidung beeinflußt haben. Ganz sicher war mir eine Szene gegenwärtig, die vor elf Jahren in unserer Berliner Wohnung stattfand. Thomas Brasch sagte, er wolle weggehen. Er war nicht der erste, der da saß, aber er war der erste, dem ich nicht mehr abraten konnte. Insofern war sein Weggehen, das

weiß er nicht, auch für mich ein Einschnitt, plötzlich gab es eine neue Frage, die hieß: Warum bleiben?, und die mußte nicht nur verbal, sie mußte hauptsächlich arbeitend beantwortet werden, denn nur die Produktion kann jene innere Freiheit hervorbringen, die den Zweifel über die Wahl des Lebens- und Arbeitsortes aufhebt. Wenn ich es richtig sehe, gehört Brasch zu denjenigen, die nicht aufhören können, sich mit ihren Erfahrungen auseinanderzusetzen, nachdem sie das Land verlassen haben, und die fähig geblieben sind, Entwicklungen zu erkennen, neue Schlüsse zu ziehen.

Was fällt mir zuerst ein, wenn ich »Kleist« denke? Der Riß der Zeit, der durch den Mann geht. Die Abwehr Braschs gegen insistierende Deutungsversuche spürte ich deutlich, je länger ich in seinen Texten las, eine Scheu vor Entblößung, eine Warnung vor Zudringlichkeit. Ich will diesen Appell respektieren. Es ist das gleiche Gefühl, das ich bei Kleist habe: daß er seine Arbeiten gegensätzlichen, beinahe gleich starken Bedürfnissen abpreßt: sich unsichtbar zu machen, aber auch, sich vollkommen zu enthüllen. Der Riß? In ich-nahen Texten ist er auffindbar an der Spur, die er ihnen hinterlassen hat.

> Wie viele sind wir eigentlich noch.
> Der dort an der Kreuzung stand,
> war das nicht von uns einer.
> Jetzt trägt er eine Brille ohne Rand.
> Wir hätten ihn fast nicht erkannt.

Wie viele sind wir eigentlich noch.
War das nicht der mit der Jimi-Hendrix-Schallplatte.
Jetzt soll er Ingenieur sein.
Jetzt trägt er einen Anzug und Krawatte.
Wir sind die Aufgeregten. Er ist der Satte.

Wer sind wir eigentlich noch.
Wollen wir gehen. Was wollen wir finden.
Welchen Namen hat dieses Loch,
in dem wir, einer nach dem anderen,
verschwinden.

Ein Zitat aus dem Zyklus »Papiertiger«, Mitte der siebziger Jahre, das jeder seiner Generationsgenossen, auf die dieses »Wir« sich bezog, verstand. Brasch war ihr Sprecher. Ich möchte dieses Gedicht auch dem hiesigen Publikum nicht »erklären«, vielleicht ist das nicht nötig. Aber es gibt eine, auch gutwillige, Erwartungshaltung an Literatur aus dem anderen deutschen Staat, die Texte nicht nur falsch interpretieren, sondern bestimmte Texte auflösen kann – so, als mache der andere Hintergrund ihre scharfen Konturen unsichtbar. Thomas Brasch hat diese Erwartung niemals bedient, sehr bald hat er, hier angekommen, den Kampf gegen das Verschlucktwerden aufgenommen. Um den Preis, möglicherweise, des Übersehenwerdens in seiner Eigenart. Dichter vom Kleistschen Typus wollen gebraucht werden und sehen sich in der deutschen Literaturgeschichte der letzten zweihundert Jahre, gegen ihren Willen, auf die exzentrische Bahn geschleudert.

> Was ich habe, will ich nicht verlieren, aber
> wo ich bin, will ich nicht bleiben, aber
> die ich liebe, will ich nicht verlassen, aber
> die ich kenne, will ich nicht mehr sehen, aber
> wo ich lebe, da will ich nicht sterben, aber
> wo ich sterbe, da will ich nicht hin:
> Bleiben will ich, wo ich nie gewesen bin.

Der Utopie-Rest, nie ganz aufgezehrt, die Sehnsucht nach dem Land, das die Deutschen sich nicht zu schaffen wußten, in dem menschengemäß zu leben, *mit* dem menschengemäß auszukommen wäre. Wenn aber nicht, da aber nicht: der Riß, der nun durch das Land geht, die Wunde offengelegt, die unverstanden bleibt, wenn man sie leugnet oder nur bejammert, unheilbar, wenn man nicht ihre Entstehung bis zu den frühen, feinsten Gründen hin verfolgt: Braschs Eulenspiegel-Vision. Braschs zornig-traurige Bauernkriegs-Beschreibung in »Hahnenkopf«, das Heer der Bauern vor der Stadt Weinsberg.

> Am Morgen stürmten sie / Die Tore der Stadt. / Trieben die Fürsten / Durch eine Straße aus Spießen. / Am Abend stritten sie sich. / Nachts gingen sie / In drei Richtungen auseinander: / Gegen das Heer der Fürsten im Süden. / Über die Grenze. / In ihre Dörfer. / Aus drei Richtungen kommend / Zerschlug die Fürstenarmee / Zwei Wochen später / Was vom Bauernheer übriggeblieben war / Und fing: / Was geflohen war / Und köpfte / Was sich / In den Scheunen / Versteckt hatte...

Und die Fürsten machten Ordnung und schärfere Gesetze, Gehorsam und Unterordnung, und der Prinz von Homburg bricht diese Gesetze und soll sterben: Staatsräson. Aber Natalie, die ihn liebt, tritt dem Kurfürsten entgegen, indem sie miteinander Unvereinbares in zwei Zeilen zwingt:

> Das Kriegsgesetz, das weiß ich wohl, soll herrschen,
> Jedoch die lieblichen Gefühle auch.

Wiederum Utopie, nur noch aus Weibermund einklagbar: Ein Vaterland, »das braucht nicht diese Bindung, kalt und öd«. Das die geheiligte, wenn auch unnatürliche Ordnung zugunsten einer menschenfreundlichen Unordnung aufgibt. »Ein Traum, was sonst?«
»Dazu« Brasch, hundertsiebzig Jahre später:

Hamlet gegen Shakespeare

Das andere Wort hinter dem Wort.
Der andere Tod hinter dem Mord.
Das Unvereinbare in ein Gedicht:
Die Ordnung. Und der Riß, der sie zerbricht.

Die Figur macht ihrem Erfinder eine Rechnung auf, die allzulange offen geblieben ist. Die zitierten Texte, bis auf den letzten, sind aus dem Band »Kargo. 32. Versuch auf einem untergehenden Schiff aus der eigenen Haut zu kommen.« Kargo sei ein Kult, der besage, Männer mit weißer Haut seien Geister von Toten, die ihr Ende nicht finden, leben nicht mehr und sind noch nicht tot. Das »untergehende Schiff« ist der Erdteil Europa. An Eurozentrismus leidet Brasch nicht.

Er ist in England geboren, seine Eltern, Kommunisten, die Mutter Jüdin, lebten dort im Exil, der Sohn wächst in der DDR auf, von seinem zehnten Lebensjahr an eine zeitlang in der später aufgelösten Kadettenanstalt. Wie Kleist. Merkwürdiger Zufall. »Eine herrschende Klasse, an Erhaltung und Zementierung des von ihr geführten Staates arbeitend, entledigt sich ihrer Kinder und überantwortet deren Erziehung der von ihr bestellten und bezahlten Bürokratie«: Brasch über »Die Verwirrung des Zöglings Törleß« von Robert Musil. Der eigene Sohn, fährt er fort, im Internat zum blutig gerädeten Ödipus heruntergekommen und aufgestiegen, werde im nächsten Krieg als Offizierswerkzeug... zerbrechen, oder er werde den väterlichen Staat – beschreiben. – Unbillige, allzu billige Schlüsse scheuend, kann ich doch diese harsche und genaue Äußerung über gerade diesen Gegenstand nicht zufällig nennen. – Wie der junge Kleist widmet sich der junge Brasch einer Philosophie, wie jener erleidet dieser den Erkenntnis- und Ernüchterungsschock, mit einem freilich entscheidenden Unterschied: Kleist verzweifelt, in das unendliche Spiegel-Spiel des subjektiven Idealismus geraten, an Erkenntnismöglichkeit überhaupt. Brasch will die Veränderung der Verhältnisse nach den Vorschlägen der marxistischen Philosophie konsequenter, kompromißloser, auch anarchischer. »Daß einer auf dem Messer gehen muß, um ein Stück vorwärts zu kommen, ist für Sie wahrscheinlich sentimental.« Ein unerträgliches Reizwort übrigens für einen Autor seiner Art, gerade weil seine Unverfrorenheit doppelt, dreifach mit Gefühl gefüttert ist. Ich würde hier nicht von Sentiment sprechen wollen, sondern von einer bestimmten Art von Radikalität, die seit Hölderlin, bei Lenz, Kleist, natürlich bei Büchner, und dann wieder in unserem Jahrhundert, jungen deutschen Dichtern aufgezwungen wird. Brasch, der den sozialistischen Staat von links kritisiert, »sowohl kindliche wie plebejische Formen von Widerstand« ausprobiert – Formen, die der Staat, jedenfalls damals, nicht toleriert – Brasch wird zu Gefängnis verurteilt, eine Erfahrung, über die er sich nur karg äußert. Das folgende Gedicht scheint es zu erklären:

Die Stille ist die Schwester des Wahnsinns.
Zwischen Hocker und Tür fünf Schritte und
der Herzschlag zwischen den Schläfen.
Die Posen:
Widerstand / Härtetest / Selbstmitleid / Jammer /
                              Gelächter
sind verbraucht: Leitartikel im eigenen
                              Zentralorgan.

Danach: Arbeit in einem Betrieb – eine deutliche, bedeutsame Spur in den Texten jener Zeit. »Vor den Vätern sterben die Söhne.« Ein Schmerz, der in schnoddrige oder höhnische oder zynische Sätze versteckt wird. Der mythologische Held vom Herakles-Typus hat sich erledigt, auf komplizierten ästhetischen Wegen muß ein Dichter wie Brasch zu anderen, höchst fragwürdigen Figuren kommen, mit denen eine immer gefährdete Identifikation, Teilidentifikation möglich wird. Er zeigt keine Berührungsfurcht vor »kaputten Typen« — im Gegenteil, die ziehen ihn gerade an. Lovely Rita. Sindbad. Rotter. Lackner. Im Westen dann: der Raubmörder Gladow. Die Schauspielerin Lisa. Die arbeitslosen Sakko und Oi — ein merkwürdiges Ensemble, ungewöhnlich für beide deutsche Literaturen. Nicht eine »Gestalt« im herkömmlichen Sinn, die sich dadurch legitimierte, daß sie aus einem unantastbaren »inneren Kern« heraus lebte. Schwer durchschaubare Dramaturgien. Der Film »Domino« sei, zum Beispiel, »ein Spiel mit Bildern über die Spaltung der Phantasie«. So hätte aber Kleist, bloß daß er keine Filme machte, ein jedes seiner Stücke auch beschreiben können. Sentenz der Lisa, die in Zeitlupe aus ihrem Schauspieler-Beruf herausfällt: Das Alte geht nicht und das Neue auch nicht. Und jetzt sitzt ihr da.

Dichter, denen Brasch sich nahe fühlt, wurden genannt, Kafka gehört noch in diese Reihe, eigenartig nimmt Tschechow sich in ihr aus, den er übersetzt. (Überhaupt: die russische, die frühe sowjetische Literatur — Majakowski — ein Pfund aus seinen DDR-Jahren, das er nicht verkommen läßt.) Hinzuzufügen wäre Georg Heym, »Lieber Georg«. »Da dieses Stück um eine Vorkriegssituation geht und die Hauptfigur ein Dichter, also Georg Heym ist, den diese Vorkriegssituation extrem angeht, das heißt der Riß, der durch die Gesellschaft geht, läuft auch durch ihn, und die Figur des Georg Heym auch für mich eine Möglichkeit war, äußerst autobiographisch zu sein, und ein Stück nach 'ner neuen, für mich neuen Dramaturgie zu schreiben...« Vorletzte Szene, Überschrift: »Außerhalb des Spiels 1979«, den Nachrüstungsbeschluß reflektierend:

> Meine Hand mit der Kreide bewegt sich schnell über die Steine und ich weiß jetzt daß ich ein Theaterstück schreibe das von einem Dichter handelt mitten in einem betäubend stillen Vorkrieg zwischen den unsichtbaren Gesetzen der Ökonomie unter dem Gewicht einer alten Ästhetik... Ich muß den Dichter von dem das Theaterstück handelt und der an einem Theater auftreten soll das es nicht gibt oder noch nicht auf die schnellste Weise zu Fall bringen Denke ich und meine Hand schreibt den Titel für die letzte Szene.

Dieser Titel heißt: »Endlich im Eis.« – »Ein früher Tod. Das ist auch was. Da brauchen wir den Beruf nicht zu lernen.« »Grell und geschmacklos« hat man Braschs Tonart genannt. Mit Recht. Kreativität, ein Grundwert bei Brasch, findet er nur noch bei Künstlern und Kriminellen.

Auch Kleist hat Goethen, wie er sich auch um dessen Gunst verzehren mochte, die gutartigen klassischen Widersprüche nicht servieren können, nicht die säuberliche Trennung der Konflikte in gut und böse, gesund und krank, anständig und kriminell. Widerspruch wäre ein zu behäbiges Wort für die Dauer-Reibung, in die neuere Autoren sich hineinbegeben müssen. Banal, auf die Verletztheit der Verletzbarkeit zu verweisen, die hinter aggressiven Gebärden meistens steht. Weil in der deutschen Geschichte nichts human zu Ende geführt wurde, müssen immer die Jüngeren sich gegen ihre Väter, Mütter erheben. »Vor den Vätern sterben die Töchter« – auch das gilt. Lovely Rita sagt es, und gleich danach sagt sie: Pathos. Einen Horror vor Pathos teilt Brasch mit seinen Figuren. »Sie müssen keine Girlande um jedes Wort hängen. Gefühlsgymnastik will ich hier nicht sehen.« Braschs Ekel vor erhabenen Gedanken und Gefühlen und den dazu passenden literarischen Wendungen.

Von den Rändern her – aber dies ist ja der Ort seiner Protagonisten: »Meine Figuren sind sicher die, die am Rand aus Unfähigkeit oder weil's ihnen in der Mitte zu eng ist, sich aufhalten. Da sind sie natürlich immer gefährdeter, ... gefressen zu werden; auf der anderen Seite gehören sie zu etwas, und gleichzeitig haben sie das Offene neben sich...« – von den Rändern her nähere ich mich jenem zentralen Punkt, den ich vor allen anderen bei Brasch »kleistisch« nennen will: Zwischen zwei Wertsystemen stehen, die ihn beide vor falsche Alternativen stellen. Das muß bei unbedingten Naturen zu paradoxen Lebensentscheidungen führen: Kleist, der sich von Paris aus zur französischen Küste begibt, willens, im Dienst seines Erzfeinds Napoleon gegen England kämpfend zu sterben. Brasch, der sehenden Auges, aber damals bleibt ihm nichts anderes übrig, den Boden verläßt, der ihn – sei es durch Engagement, Übereinstimmung, Mitarbeit, Anstrengung, Reibung, Widerspruch, Widerstand – kreativ gemacht hat. Geht, als sein Bedürfnis, »eine Sache öffentlich zu machen«, nicht befriedigt werden kann; als seine Stücke, »Gebrauchsgegenstände«, in der Schublade liegenbleiben, wo sie ihrem Autor »nichts lehren«; als er schließlich anfangen muß, sich selber zu fragen: »Baue ich in die Dinge kleine Spitzen ein, um weiter die Dornenkrone des Verbots tragen zu dürfen?« Brasch, geprägt durch Wertvorstellungen dieses anderen Staates; dessen zentraler Begriff »Arbeit« war und bleibt, Arbeit als soziale Kategorie; als Mittel, den einzelnen mit der Gesellschaft zu verbinden; kollektive Arbeit, die die Beziehungen der Menschen und Gruppen zueinander verändern sollte und imstande wäre, neue Bedürfnisse hervorzubringen: Brasch trifft im Westen auf die Macht des Geldes, auf Konsumzwang, und er trifft auf den Markt. Auf den »Verfall der Ordnung, die Staat heißt und ihren wütenden Überlebenskampf, zwischen dem Alten, das tot ist, aber mächtig und dem Neuen, das lebensnotwendig ist, aber nicht in Aussicht...« Schnell ist er der Fremde mit dem bösen Blick. Der Exote. Der Mann, der die für seinen Fall maßgeschneiderten Kategorien unhöflich, undankbar ablehnt; nicht »Dissident«, nicht »Exilschriftsteller«, auch nicht »im Westen lebender DDR-Schriftsteller« genannt sein will; der gleich wieder anfängt, sich zu wehren: »Für mich sind alle diese Kategorien nicht mehr als hilflose Versuche, einen Schreiber leichter konsumierbar zu machen, indem man ihn auf einen Punkt reduziert.« Erstaunt registriert er »die fast vollständige Abwesenheit eines sozialen Erlebnishintergrundes bei den meisten Kunstproduzenten meiner Generation in diesem Land«. Das habe sicher mit der Art des Reichtums zu tun, die es hier gebe... Die Frage, ob er künstlerische Erkenntnis produzieren oder den Markt bedienen will, hat er entschieden. Das Instrumentarium für die Kritik der Gesellschaft von ihren Wurzeln her, in der DDR erworben, legt er nicht weg. Erfährt, daß seine Arbeit wiederum, »auf eine andere Weise, nicht gebraucht, benutzt oder zu einer Debatte verwendet wird«.

»Kleistisch«? Ich will mich hüten, Brasch meinerseits auf einen Punkt zu reduzieren. Ein Satz, der viel über das Spannungsfeld in seiner Arbeit aussagt: »Der Stoff von gestern, und die Form von morgen.« Noch in der DDR schreibt er ein Stück, »Rotter«, das er »ein Märchen aus Deutschland« nennt. Ein Stück über einen für jede Gesellschaft gebrauchsfertigen Menschen – ein »verhinderter Woyzeck«. Auch Kleist schreibt Märchen, oder wie soll man das »Käthchen von Heilbronn« sonst nennen, das zu »Rotter« steht wie das Positiv zum Negativ böser Alpträume. »Der Prinz von Homburg« (»Ein Traumspiel«), »Penthesilea« – alles Märchen, schöne und schlimme Märchen für Erwachsene, in denen ein Kern von Utopie glüht. Bei Brasch steckt der »Entwurf von einer Welt, die lebenswert und erstrebenswert wäre«, weniger in den Aktionen der Figuren (sie können ja nicht handeln), schon gar nicht im Finale, er steckt in der Struktur der Texte. Experimente mit neuen Formen und Dramaturgien, die er weit revolutionärer findet als die Inhalte, die sie vermitteln könnten. Er setzt mit ihnen dem Bedürfnis der bürgerlichen Kunstkonsumenten nach Genuß einen Widerstand entgegen. Ein Publikum sieht sich unbedient, das sich die Kompromisse, die es nach steckengebliebenen Revolutionen eingeht, die Restaurationen, in die es sich nach unverstandenen Katastrophen rettet, mit seinen heroischen oder banalen Illusionen verdrängen oder erklären muß. Brasch versucht, den Filz der von angestauten verqueren Wünschen gesättigten, verkommenen nachbürgerlichen Beziehungen und Pseudo-Werte durch die Schärfe seiner Form, sie wie ein Skapell benutzend, anzuritzen.

Zweimal nennt Brasch den Namen Kleist direkt, beide Male hat diese Erwähnung etwas mit Tod zu tun. In »Lieber Georg« erzählt eine Figur von einem Doppelmörder namens Brunke, der zwei Schwestern erschossen und es dann nicht fertiggebracht habe, sich, wie vereinbart, selbst umzubringen. Er habe, sagt er vor Gericht, an den Dichter Kleist gedacht. Darauf Heym: Kleist? Daß ich nicht lache. Kopien überall.

Die zweite Erwähnung Kleists geschieht in einem Interview über Braschs Stück »Lovely Rita«. Die Kraft des Gedankens sei bei Penthesilea, sagt Brasch – und das sei ja eines der Vorbilder von Rita –, so ungeheuer scharf, daß sie sich selbst zu Tode denke. Rita dagegen »scheitert tödlich, indem sie überlebt«.

Eine weibliche Identifikationsfigur für einen männlichen Autor – ähnlich wie Penthesilea für Kleist. Rita, die einer »geschichtslosen Generation« angehöre, sich nicht »mit dem identifizieren« könne, »was war, ...und nicht mit dem, was zu werden scheint«, und die sich aus der Diskrepanz zwischen ihrem hohen Anspruch und der trivialen Realität eine »Zeit herauskriminalisiert, die der eigenen Vorstellung von Glück oder von Lebenswerten am ehesten entgegenkommt«.

Folgt eine eigenartige Betrachtung über das Weibliche in der Kunst. Kunst sei nicht aus Zufall weiblich. »Das Undenkbare denken zu können, hat etwas sehr Weibliches. Etwas Ungeheuerliches denken, das tun viel eher Frauen. ...Kunstarbeit von Männern ist die Arbeit von Männern, die sich das Privileg nehmen, weiblich zu reagieren, das heißt etwas durchspielen.«

Dies nun hätte Kleist nicht sagen können, so sehr es auf ihn zutraf: zu stark fühlte er sich durch »das Weibliche« in sich bedroht. Seine tiefste Verletzung als Mann mußte er in einer militanten weiblichen Figur ausdrükken: Penthesilea. Seine tiefste, »weibliche« Sehnsucht nach einer Vernunftordnung, in der Gefühle Geltung haben sollten, legte er in die Figur eines preußischen Offiziers. Er riß sich, wenn das denkbar wäre, über Kreuz auseinander. Brasch muß sich nicht zerreißen, um den Schmerz, den die Normalität ihm antut, durch Übersteigerung zu betäuben. Vor die Wahl zwischen zwei Übeln gestellt, wählt er eines der Übel, hört nicht auf, es als Übel zu sehen, begründet seine Wahl, schonungslos auch gegen sich selbst, und preßt seiner Lage die Möglichkeit zu arbeiten ab. Sich nicht ins Aus treiben lassen – vielleicht ist dies eine neue Moral, die Schule machen könnte. Den Prozeß der Arbeit – bei

Brasch möglichst ein kollektiver Prozeß – wichtiger nehmen als das Ergebnis. Die Verfertigung der Gedanken beim Reden vorführen. Radikale Existenzformen, die nicht in A-Sozialität, Tod oder Selbsttötung, in Isolierung oder Gewaltaktionen münden, in Haß, Ekel und Selbstekel, in totale Unwirksamkeit, hat die deutsche Geschichte für ihre männliche Avantgarde nicht entwickelt. Von der weiblichen schweige ich; sie ist nicht vorgesehen. Wenn »etwas Ungeheuerliches denken«, »weiblich reagieren«, »etwas durchspielen« heute hieße, alle Möglichkeiten, auch die geringste Chance des Gebrauchtwerdens wahrzunehmen – in des Wortes Doppelbedeutung... Hier könnte Brasch mich fragen, ob ich nicht sehe, daß die »Leistungsgesellschaft schon auf die ehemals jungfräulichen Erdteile übergeschwappt« ist. Ob ich die Meldung nicht gehört habe, daß in naher Zukunft sechs Multi-Konzerne sich die Medien- und Unterhaltungsbranchen der westlichen Welt untereinander aufgeteilt haben werden. – Ja, ich habe diese Meldung gehört.

Doch ich kann nicht umhin, wie ein Signal, das mir bekannt vorkommt, und mit einem Anflug von Freude zu lesen, was Brasch kürzlich einem Interviewer in der DDR sagte: »Möglich, ja, vielleicht wird meine Arbeit jetzt in der DDR gebraucht. Das wäre für mich mehr als eine Hoffnung, es wäre produktiv, das heißt: ich könnte etwas lernen; und wer nicht mehr lernen kann, kann sterben.«

Oktober 1987

Dankrede für den
Geschwister-Scholl-Preis

Verehrte Anwesende,
dieser Preis hat mich, seit dem Tag, an dem ich davon erfuhr, nicht zur Ruhe kommen lassen, wegen der Namen, an die er geknüpft ist. Vieles ist mir in den letzten Wochen, da ich nach Ansatzpunkten für diese Rede suchte, durch den Kopf gegangen. Ich mußte mich fragen, ob denn mein eigenes Verhältnis zum deutschen Faschismus sich noch weiter verändert hat, seit ich über seine Auswirkungen auf meine Kindheit schrieb. Mir ist bewußt geworden: Das Unheil dieser zwölf Jahre hat sich nicht von uns entfernt; es ist, als rücke es immer noch näher. Es wächst die Trauer um die Opfer, das Wort »Auschwitz« steigert noch seine düstere Ausstrahlung. Ich beobachte an mir, wie schwer es mir immer noch fällt, mir bestimmte Augenblicke aus dem Leben, vor allem aus dem Sterben von Sophie und Hans Scholl bis in die letzte Einzelheit vorzustellen, und nicht seltener, sondern häufiger tauchen die Vernichtungsmaschinerien, denen die Opfer ausgeliefert wurden, vor meinem inneren Auge auf. In trostlosen Momenten wollen mir die heutigen Formen von Zerstörungswut und Menschenverachtung übermächtig erscheinen. Dagegen versuche ich anzuschreiben – auch in dem Buch, das heute hier benannt wird.

Auf die neuerdings wieder hochgespielte Frage, warum sich denn keine historische Distanz herstellen will zu dieser Epoche der deutschen Vergangenheit, wie zu anderen Geschichtsetappen, in denen doch auch gemordet wurde, müßte eigentlich jeder die Antwort in sich selber finden können.

Diese Vergangenheit ist nicht vergangen. An sie zu rühren, weckt Schmerz, Scham, Schuldgefühle. Ich sah mich gezwungen, mich noch einmal zurückzubegeben in die Zeit der »verabscheuungswürdigsten Tyrannis, die unser Volk je erduldete« (Hans Scholl), mich noch einmal mit den Bildern jener Jahre zu konfrontieren, darunter jenen, deren Schein-Normalität sich mit der Zeit immer mehr ins Schauerliche verschoben hat. Auch die Erinnerung an den Schrecken kam wieder auf, der mich damals viele Jahre verfolgte, als ich begriffen hatte, wozu meine Generationsgenossen, auch ich, herangezogen und ausersehen waren. Nie habe ich etwas wie »Gnade« über den späten Zeitpunkt meiner Geburt, etwas wie Entlassensein aus der Verantwortung empfinden können, immer nur diesen Schrecken über die Verführbarkeit durch ein Wahn-System an Menschenfeindlichkeit. Mit fünfzehn, sechzehn Jahren mußten wir beginnen, uns noch einmal hervorzubringen, eine Gunst, gewiß, aber vor allem die Verpflichtung zu einer zweiten Geburt, die lebenslänglich anhält. Schneller, leichter konnten wir die Irrlehren, die Ideologie des Ungeistes durchschauen, als wir unsere tiefe Verunsicherung, die Verführbarkeit durch Macht, den Hang zu Schwarz-Weiß-Denken und zu geschlossenen Gedankengebäuden überwinden konnten. Mir scheint, daß vielen Angehörigen meiner Generation – unterschiedlich ausgeformt je nach den unterschiedlichen Angeboten und Zwängen in Ost und West – von ihren frühen Prägungen her der Hang zur Ein- und Unterordnung geblieben ist, die Gewohnheit zu funktionieren, Autoritätsgläubigkeit, Übereinstimmungssucht, vor allem aber die Angst vor Widerspruch und Widerstand, vor Konflikten mit der Mehrheit und vor dem Ausgeschlossenwerden aus der Gruppe. Es ist uns schwergefallen, erwachsen zu werden, Selbstständigkeit, Souveränität zu erwerben und eine im guten Sinn soziale Haltung. Dies ist eine Erfahrung, die ich von innen her kenne und die noch nicht beschrieben ist, eine noch uneingelöste Schreib-Schuld. Nur in diesem Sinn, als Gewissensschärfung, als Impuls, konsequenter den eigenen Einsichten nachzuleben, auch nachzuschreiben, kann ich mich der Herausforderung einer Stunde wie dieser stellen.

Mit wachsender Erschütterung habe ich in den Briefen und Tagebüchern von Sophie und Hans Scholl die sinnlich erfaßbaren Umstände ihres Alltagslebens verfolgt, habe versucht, dem Weg ihrer Überzeugungen nachzugehen, dessen Wegmarken ja von früh an, neben den entscheidend wichtigen religiösen Erfahrungen, Bücher und Schriftsteller waren. Falls also Zweifel in mir aufkommen wollen, ob denn die Bemühung, aus dem eigenen Zentrum heraus zu schreiben, auch für andere sinnvoll sein könnte: diese Literaturbesessenheit, dieser Ernst, mit dem beide geistige Nahrung aus – damals natürlich zumeist verbotenen – Büchern sogen, muß diesen Zweifel mildern. Ein grelles Beispiel riß zugleich den Zwiespalt auf, in den literarische Texte geraten können, die Fehldeutung, vor der sie nicht geschützt sind und die Fehlwirkung, in die man sie treiben kann. Ich erinnere mich daran, wie für uns Vierzehnjährige unsere Deutschleherin Goethes »Allen Gewalten zum Trotz sich erhalten« für die nationalsozialistische Weltanschauung vereinnahmte. Diese selbe Zeile haben die Scholls ganz anders gelesen, sie zu einem ihrer Losungswörter gemacht. Hans Scholl hat sie in die Wand seiner Todeszelle geritzt.

Nicht genügend bekannt ist, glaube ich, die tiefe Wirkung des Rußland-Erlebnisses auf Hans Scholl und Alexander Schmorell, sein Vergleich zwischen Goethe und Dostojewski, seine Erkenntnis, daß sie auch die deutschen Dichter, die deutsche Kultur zu verteidigen hatten. Zitieren aber möchte ich eine Aufzeichnung vom November 1941, in der er seine Vision von einem Nachkriegsdeutschland notiert hat: »Der Krieg wird uns alle sehr arm machen. ...Zunächst werden der Hunger und das Elend keinen Schritt von unserer Seite weichen, indes aus zerstörten Städten, zerstörten Ländern, zerstörten und halb ausgerotteten Völkern die Menschen nach Diamanten suchen, die unzerstörbar im Schutt vergraben sind.

Dennoch wünschen wir, der Kelch möge nicht an uns vorübergehen. Er soll bis zur Neige ausgetrunken werden. Unsere Feinde sollen nicht vom Dachziegel erschlagen werden und nicht vom Erdboden verschwinden. Sie sollen vielmehr an ihrer eigenen Unfähigkeit vollkommen scheitern, sie sollen in ihrem eigenen Sumpf ersticken.

Nur so wird künftig eine falsche Glorifikation der Geschichte unmöglich sein.«

Die Feinde, die Hans Scholl meint, sind zwar militärisch vollkommen geschlagen worden, aber hat es eine »falsche Glorifikation« hier in bestimmten Kreisen nicht dennoch gegeben? Flackert sie nicht immer wieder auf, dadurch nämlich, daß es nicht gelungen ist, die Identifizierung großer Teile des deutschen Volkes mit dem Nationalsozialismus bis zum Grund aufzulösen? Besteht nicht die Gefahr, daß sie auf Teile der jungen Generation überspringt? Eben darum sehe ich mit Besorgnis jene Versuche, das Vermächtnis, das der deutsche Widerstand gegen den Faschismus uns hinterlassen hat, in den Gewissen derer, die dabei waren und im Bewußtsein ihrer Kinder zu dämpfen, zu blockieren, womöglich zu löschen: Indem man die Verbrechen in ihrer Einzigartigkeit zu relativieren sucht, Ursache und Wirkung vertauscht, ein eindeutig antifaschistisches Geschichtsbewußtsein denunziert und unterhöhlt. – Ich kann sagen, daß an einem solchen Geschichtsbewußtsein in der DDR von Anfang an gearbeitet wurde, von Staats wegen, und nicht unwirksam. Aber nach meiner Ansicht hat der Staat, an dessen Spitze viele ehemalige Widerstandskämpfer standen und stehen, von einem bestimmten Zeitpunkt an die Bürger von der notwendigen Auseinandersetzung mit ihrem Anteil an der Schuld der braunen Jahre entlastet, indem er diese Vergangenheit an den anderen deutschen Staat delegierte. Bestimmte Beobachtungen an jungen Menschen lassen mich auch befürchten, daß die Darstellung des Nationalsozialismus für sie zum Ritual erstarrt ist. Eine Tendenz zur Verharmlosung des deutschen Faschismus gibt es in DDR nicht. Auch jene Einseitigkeit, nur einen Teil des deutschen Widerstands für sich zu beanspruchen, andere Richtungen aber zu ignorieren, wird in den letzten Jahren in der DDR überwunden. Die Männer des 20. Juli, die Mitglieder der »Weißen Rose« werden öffentlich gewürdigt. Ob in der Bundesrepublik das gleiche für den bedeutenden kommunistischen Widerstand gilt, möchte ich hier nur fragen.

Warum spreche ich darüber überhaupt? Nach ihrer Rückkehr aus der UdSSR, wo sie als Soldaten waren, fingen Hans Scholl und Alexander Schmorell an, Verbindungen zu anderen Widerstandskreisen und -gruppen zu knüpfen. Sie trafen Falk Harnack, den Bruder von Arvid Harnack, einem Mitglied der stark kommunistisch orientierten Widerstandsgruppe »Rote Kapelle«. In einem der Flugblätter der »Weißen Rose«, das durch diese Begegnung beeinflußt sein könnte, heißt es: »Glaubt nicht der nationalsozialistischen Propaganda, die Euch den Bolschewistenschreck in die Glieder gejagt hat!« Wenig später waren die ersten Mitglieder der »Weißen Rose« aufgespürt, gefangen, ermordet. Eine Keimzelle für Zukunftshoffnungen war zerschlagen.

Unglücklich das Land, das Helden nötig hat – dieser Satz von Brecht ist mir immer wieder eingefallen, gerade angesichts der Lebenszugewandtheit von Sophie und Hans Scholl, angesichts ihrer Fähigkeit zu Freundschaft und Liebe, ihrer Hingabe an die Natur, an die Kunst, aber auch an unscheinbare Alltagsverrichtungen, an Arbeit überhaupt. Diese sehr jungen Menschen hatten ein reiches, erfülltes Leben zu verteidigen, an dem sie hingen. Die Todessüchtigen waren die anderen, die sie umbrachten, die schwer in ihrer Menschlichkeit Beschädigten. Ich habe Angst, daß die Industriegesellschaften, in denen wir leben, vielen Menschen eine Existenzweise aufzwingen, die ihnen gerade diese Lebenslust und Liebesfähigkeit entzieht und sie so auf Ersatzbedürfnisse hinmanipulieren, welche Politiker, Medien und Konsumindustrie mit ihren Techniken auf das Simpelste befriedigen können. Der mündige Bürger entsteht so nicht.

Natürlich frage ich mich, wie ich, schreibend, andere, produktive Bedürfnisse entwickeln helfen kann, die nur in innerlich unabhängigen, kritisch denkenden und verantwortlich handelnden Menschen entstehen. Stark beschäftigen mich die Ursachen für die destruktiven Tendenzen in unserer Zivilisation: Was Hitler wollte, nicht ganz geschafft hat – Europa zu vernichten – wäre heute machbar; mich reizt es aber vor allem, Alternativen zu diesen Untergangstendenzen aufzuspüren, und seien sie noch so schwach oder mögen sie noch so utopisch erscheinen. Vom »neuen Denken« ist jetzt viel die Rede, ein Begriff, der in Gefahr gerät, zum Schlagwort zu verkommen. Ich möchte ihn ernstnehmen. So viele historische Chancen werden wir doch nicht mehr haben, daß wir es uns leisten könnten, eine auszuschlagen. Für mich ist dieses neue Denken in seinem Kern nicht ökonomisch-technisch-militärisches überhaupt nicht pragmatisches Denken, sondern eine Aufforderung, den Zielen und Werten dieser Kultur noch einmal gründlich nachzufragen, durch ein geistig-ethisches Konzept diesem Abendland noch eine Chance zu geben. Dies hat, von verschiedenen Gesichtspunkten aus, der kleine Kreis der Münchener Studenten um Hans Scholl schon damals bedacht.

Heute stehen wir, glaube ich, in einem heiklen geschichtlichen Augenblick, weil die Auflösung verhärteter Frontstellungen und Feindbilder in Gruppen und Menschen, denen gerade diese Härte Halt gibt, Angst und Aggressivität freisetzt. Wer da zu vermitteln sucht, muß sich auf Haß und Beschimpfungen gefaßt machen; darüber zu reden, ist dies nicht der Ort. Besonnen, doch unbeirrt sollte man in der Gesellschaft, in der man lebt, so weit wie möglich an Veränderungen mitwirken, die notwendig sind, um diese Erde für das nächste Jahrtausend bewohnbar zu erhalten. Mein Buch verstehe ich als eine Stimme in einem größeren Dialog, der trotz aller Zweifel, die uns immer wieder befallen mögen, geführt werden muß.

In einem der letzten Briefe von Hans Scholl stieß ich auf Sätze, die mich bewegten. Er schreibt: »Denn immer noch habe ich eine gewisse Scheu vor der Schreiberei. Im Gespräch dagegen lockt ein Wort das andere hervor, und aus Frage und Satz entsteht bald das innere geistige Gerüst des anderen sichtbar vor Augen. – Von dem Kreis, welchen ich hier zusammengebracht habe, wirst Du schon gehört haben. Du würdest Deine Freude an diesen Gesichtern haben, wenn Du sie sehen könntest. Alle Kraft, die man dort verschwendet, fließt unvermindert wieder zurück ins eigene Herz...«

Wir wissen, von welchem Kreis er hier spricht. Ich habe diese Sätze ganz persönlich genommen. Haben wir nicht alle Sehnsucht danach, derart human miteinander umzugehen? Im Gespräch das »geistige Gerüst« des anderen achten zu lernen? Und der eigenen Freude in den Gesichtern der anderen wiederzubegegnen?

Ich danke Ihnen.

Die Geldsumme dieses Preises geht an die Chilenin Carmen Gloria Quintana. Sie wurde am 2. Juli 1986 während eines Streiks in Santiago de Chile von Sicherheitskräften der Militärjunta Pinochets zusammengeschlagen, mit Benzin übergossen und angezündet. Ihr Begleiter starb an seinen Verletzungen. Sie selbst hält sich in Kanada auf, um ihre Gesundheit, soweit das möglich ist, wiederherzustellen.

November 1987

Zwei Plädoyers

1. Brief an den Kongreß des Schriftstellerverbandes der DDR in Berlin im November 1987

Liebe Kollegen,
wegen anderer Verpflichtungen kann ich am Schriftstellerkongreß nicht teilnehmen, möchte aber die wichtigsten Punkte, über die ich sonst ausführlicher gesprochen hätte, wenigstens in gedrängter Form in diesem Brief übermitteln.

In den letzten Jahren sind von sozialistischen Ländern Ansätze zu einem neuen Denken ausgegangen, daraus folgend erste konkrete Abrüstungsschritte, erste Gründe für Hoffnung auf eine lebbare Zukunft. Viele Kollegen erkennen die Bedeutung dieser Prozesse, denken über neue Verhaltensformen nach, überprüfen alte Positionen und wollen zu Veränderungen beitragen, die das Verhältnis der Autoren in der DDR zueinander und das literarische Leben offener, die Literatur wirksamer machen würden. In der Geschichte des Schriftstellerverbandes der DDR gibt es nach meiner Ansicht Vorgänge, mit denen er sich auseinandersetzen muß, damit seine Arbeit produktiver werden könnte. Ich meine die Folgen der Unterschriften gegen die Ausbürgerung Wolf Biermanns 1976 und den ungerechtfertigten Ausschluß einer Reihe von Kollegen aus dem Schriftstellerverband 1979. Jeder, der mich kennt, weiß, daß ich meinen Einspruch gegen diese Maßnahmen immer aufrechterhalten und auch nicht relativiert habe. Damals habe ich zu erreichen versucht, daß Widersprüche auf gleichberechtigter Basis ausgetragen werden. Als ich erkennen mußte, daß dies im Schriftstellerverband nicht möglich war, habe ich meine weitere Mitarbeit aufgegeben und dies in einem Brief an das Präsidium begründet.

Inzwischen sind zehn Jahre vergangen. Eine Anzahl von Kollegen, unter ihnen bedeutende Autoren, hat die DDR verlassen; jüngere sind ihnen gefolgt, unter anderem, weil der Schriftstellerverband nicht fähig war, sie zu integrieren. Ich habe mich daran nicht gewöhnen können und wollen. Ich vermisse Freunde, Gesprächs- und Arbeitspartner, ich vermisse ihren Anteil an unserem geistigen Leben, auch dann, wenn ich in einigen Fällen ihre Haltung nicht teile. Ich spreche nicht von denen, die die DDR als Gegner verlassen wollten. Ich spreche von jenen – und jetzt nicht nur von Autoren, die gegangen, auch von solchen, die geblieben sind –, die Konflikte, schmerzhafte Enttäuschungen, Restriktionen erfahren haben und bis heute kaum Anzeichen von Verständnis oder Dialogbereitschaft von jener Organisation erhielten, die auch sie vertreten sollte. Ich spreche aber vor allem auch von den jungen Schriftstellern, die außerhalb des Schriftstellerverbandes bleiben, entweder, weil man sie dort nicht aufnahm, oder weil sie dort keinen Ort für die offene Diskussion ihrer Probleme finden.

Manches hat sich in den letzten Jahren verändert: in

der Publikationspolitik der Verlage, in den Medien; Arbeiten von Kollegen, die früher in der DDR lebten, werden publiziert oder sind zum Druck vorgesehen. Ist es nicht an der Zeit, daß auch der Schriftstellerverband diese ermutigenden Ansätze stärker unterstützt? Voraussetzung für eine Normalisierung des Verhältnisses mit den Kollegen, die die DDR verlassen haben, ist, das Gespräch mit allen, die es wünschen, zu suchen. Ich glaube, es ist die Aufgabe des Verbandes, wenn er den Perspektiven der Zeit gerecht werden will, gegenwärtige und vergangene Probleme rückhaltlos und grundsätzlich auszutragen und den Ursachen für Konflikte nachzugehen. Nicht die Ausgrenzung, sondern die Integration der jungen kritischen Autoren stünde ihm an. Die Brechtschen Forderungen für uneingeschränkte Publikation literarischer Werke, mit den Einschränkungen, die wir alle kennen und billigen, sollten Gültigkeit bekommen.

*2. Rede auf der Bezirksversammlung der
Berliner Schriftsteller im März 1988*

Liebe Kollegen,
Ausgangspunkt für meine Überlegungen, die ich heute hier vortragen möchte, ist der Inhalt des Briefes, den ich an den Schriftstellerkongreß gerichtet habe. Dieser Brief wurde wohl vom Präsidium als eine Art Angriff

oder als Provokation aufgefaßt, sonst könnte ich mir den hartnäckigen Widerstand dagegen, daß er verlesen wurde, kaum erklären, ebensowenig die Tatsache, daß Hermann Kant weit mehr als doppelt so lange Zeit, wie die Vorlesung des Briefes benötigte, gegen die Art und Weise polemisierte, durch die er an den Kongreß gelangte. Diese Polemik, sicherlich effektvoll, nach meiner Ansicht in Teilen demagogisch, hat ihren Zweck erreicht: den Inhalt des Briefes abzuwehren. Überzeugen konnte sie mich nicht.

Ich konnte beim Kongreß nicht anwesend sein, das war keine Finte; ich fand und finde es nicht anmaßend oder undemokratisch, bestimmte Gedanken trotzdem in einem Brief äußern zu wollen; daß dieser Brief in ein spektakuläres Licht gerückt werden würde, habe ich nicht vorausgesehen, und es war nicht meine Absicht. Mehr will ich dazu nicht sagen, und da weder Hermann Kant noch Günter de Bruyn heute hier sein können, verbietet es sich, diesen Punkt weiter zu erörtern.

Ich wollte – und will auch heute – Vorgänge aus der Geschichte des Schriftstellerverbandes zur Sprache bringen, die in Gefahr sind, in Vergessenheit zu geraten und nach meiner Ansicht eine produktive Arbeit in der Gegenwart schwermachen oder ganz verhindern. Oder gehört es nicht zur Geschichte des Verbandes, daß seit 1976 eine verhältnismäßig große Zahl von Schriftstellern – darunter sehr bedeutende, auch wenig oder gar nicht bekannte, Verbandsmitglieder und Nichtverbandsmitglieder – die DDR verlassen hat. Ich habe kein öffentliches Zeugnis dafür gefunden, daß der Schriftstellerverband der DDR erkannt und reflektiert hätte, was ein solcher Vorgang für ein Land, für eine Literatur, für einen Berufsverband von Schriftstellern bedeutet, wie er historisch bewertet werden wird und welche Verantwortung diejenigen übernehmen, die bewußt hier bleiben, hier arbeiten und wirken wollen. Seit langem vermisse ich Äußerungen von Erschrecken und Trauer über den Verlust von Kollegen, und ich vermisse vor allem ein kollektives Nachdenken, eine tiefgreifende Analyse der Ursachen von Resignation und Entmutigung, die dem Entschluß, die DDR zu verlassen, bei vielen vorausgingen.

Im Gegenteil: Der Verband selbst hat ja in einigen Fällen durch den Ausschluß von Kollegen diesen Prozeß befördert. Nun hat sich – das war übrigens mit auslösend für meinen Brief an den Kongreß – auf der Wahlversammlung des Berliner Bezirksverbandes Hermann Kant, zum erstenmal, soviel ich weiß, zu jenem Vorgang im Juni 1979 geäußert. Er sagte: »Was wir damals beschlossen haben, den Abschied von einer Reihe von Kollegen, ihren Ausschluß, das muß ja nicht für die Ewigkeit gelten.« – Mir fiel auf, daß es anscheinend gar nicht so wenige Kollegen gibt, die nicht recht wissen, wovon da eigentlich die Rede ist. Die dabei waren, haben zum Teil eine merkwürdige Art von Gedächtnisschwund erlitten, und die nicht dabei waren, sind vollkommen unorientiert. Hermann Kant bediente sich Metaphern zur Umschreibung des Sachverhalts: »Wir haben hier auf literarischen Tod und literarisches Leben miteinander gekämpft, wir haben unsere eigenen Untergänge erlebt und die von anderen Leuten. Wir haben nach innen geblutet.« – Vielleicht läßt sich dieses Kapitel der Verbandsgeschichte nüchterner und konkreter benennen; ich habe es so erlebt: Im Juni 1979 hat der Berliner Schriftstellerverband in einer unglückseligen Versammlung neun Kollegen – nach meiner und anderer Kollegen Absicht ungerechtfertigterweise – mit großer Mehrheit aus dem Schriftstellerverband ausgeschlossen. Die Gegenstimmen wurden auch auf ausdrücklichen Antrag hin nicht gezählt. Stephan Hermlin, der vor diesem Massenausschluß warnte, sagte damals, was auch ich empfand: »Dies wäre nicht das Ende unserer Sorgen, sondern der Beginn der nächsten Schraubendrehung.« (Ich erlaube mir die Vermutung, daß mit der neuen Bezirksleitung der Sozialistischen Einheitspartei eine Versammlung in derartigem Geist und Stil nicht mehr denkbar wäre. Mir hat sie weitere Mitarbeit im Verband unmöglich gemacht.)

Fünf der neun ausgeschlossenen Kollegen verließen die DDR: Kurt Bartsch, Karl-Heinz Jakobs, Klaus Poche, Klaus Schlesinger, Joachim Seyppel. Vier von ihnen leben hier: Adolf Endler, Stefan Heym, Rolf Schneider, Dieter Schubert.

Ich möchte mit meinen Vorschlägen dazu beitragen, daß die »ausgestreckte Hand«, von der Hermann Kant auch sprach, keine leere Geste bleibt. Ich könnte mir folgendes vorstellen:

Stefan Heym wird im nächsten Monat fünfundsiebzig Jahre alt. Der Schriftstellerverband sollte diesen Tag zum Anlaß nehmen, sein Verhältnis zu Stefan Heym auf eine neue Grundlage zu stellen, einen Dialog mit ihm zu beginnen, dessen Ziel es sein sollte, ihn wieder in den Schriftstellerverband aufzunehmen. Voraussetzung dafür wäre, daß sich im Plenum des Berliner Verbandes für einen solchen Schritt eine Mehrheit fände. Ich bitte darum, mit dieser Korrektur nicht mehr lange zu warten.

Gleichzeitig sollten Gespräche mit den anderen drei von mir genannten Kollegen stattfinden, deren Ziel das gleiche sein sollte. Mir ist bewußt, daß die Entwicklungen der einzelnen in der Zwischenzeit unterschiedlich verliefen, daß auch die Ergebnisse solcher Gespräche unterschiedlich sein können. Wichtig erscheint es mir, daß der Verband auf diese Kollegen zugeht – nicht, um eigene Überzeugungen aufzugeben; aber doch mit der Bereitschaft, frühere Standpunkte zu überprüfen, Verhärtungen zurückzunehmen; mit der Bereitschaft, vorbehaltlos zuzuhören, auch Kritik anzunehmen und, wo immer möglich und nötig, zu lernen.

Meine dritte Anregung: Der Schriftstellerverband sollte versuchen, auch auf diejenigen seiner ehemaligen Mitglieder zuzugehen, die heute im Westen leben. Über die Schwierigkeiten, die einem solchen Schritt entgegenstehen, mache ich mir keine Illusionen. Doch wir können nicht in unseren Texten den Abbau von Feindbildern fordern, ohne selbst in dem Bereich, der uns besonders angeht, damit zu beginnen. In einer Zeit, die – welche Irritationen auch immer dagegen zu sprechen scheinen – auf Dauer doch auf Verständnis und Verständigung angewiesen ist, auf den Dialog selbst zwischen

Vertretern konträr entgegengesetzter Meinungen, sollten Schriftsteller es fertigbringen, mit ihren ehemaligen Verbandskollegen wieder ins Gespräch zu kommen. Der Anfang, der mit einigen Kollegen auf dem von Stephan Hermlin angeregten Friedenstreffen gemacht wurde, ist nicht fortgesetzt worden, auch nicht vom Schriftstellerverband. Ich glaube Gründe dafür zu kennen, auch solche, die von einigen der weggegangenen Kollegen geliefert wurden und eine solche Fortsetzung erschwerten. Ich bleibe bei meinem Vorschlag, und ich bleibe dabei, daß man auch in diesen Fällen nach den Ursachen ihres Verhaltens fragen muß.

Andererseits gibt es positive Posten in der Bilanz: Von Jurek Becker, von Klaus Schlesinger erscheinen Bücher in DDR-Verlagen. Titel von Günter Kunert und Sarah Kirsch werden vorbereitet. Hans Mayer hat neulich auch im Deutschen Theater sprechen können, unter gebührender Aufmerksamkeit der Presse. An solchen Zeichen könnte sich der Schriftstellerverband doch orientieren, und zwar in seinem eigenen Interesse.

Ich denke, das Verhältnis zwischen den Schriftstellerverbänden der beiden deutschen Staaten hängt mit von der Entkrampfung der Beziehungen zu den ehemaligen DDR-Kollegen ab, die heute Mitglieder im VS der Bundesrepublik sind. Wichtiger noch: Es scheint mir die Sache des Schriftstellerverbandes zu sein, die Gründe für das Weggehen von Kollegen – den Genannten folgte ja eine Reihe Jüngerer in den letzten Jahren – genau zu kennen, sie zu analysieren und dann daran mitzuwirken, diese Gründe zu beheben, damit der

Wegzug von talentierten Menschen, die durch nichts, was dieses Land sonst hervorbringen könnte, zu ersetzen sind, nicht weitergeht.

Ich plädiere also für vielfältige Formen von Begegnungen und Gesprächen mit Kollegen, die heute im Westen leben und die dazu bereit sind; für einen intensiven Austausch von Erfahrungen; für Annäherung.

Ich plädiere, auch wegen der Vorgänge, über die ich heute hier spreche, dringend dafür, daß der Schriftstellerverband sich beharrlich für eine Änderung des bei uns praktizierten Druckgenehmigungsverfahrens für Bücher einsetzt – in dem Sinne, in dem Christoph Hein und Günter de Bruyn auf dem Kongreß darüber gesprochen haben.

Und ich plädiere – dies ist mein ceterum censeo und wäre einer gründlichen Behandlung wert – für eine entschiedene Hinwendung des Verbandes zu den jungen Schriftstellern dieses Landes: dafür, daß er ihre Entwicklung, ihre ethischen Vorstellungen, literarischen Ziele, ihre Lebensbedingungen, Konflikte und Schwierigkeiten gründlich kennenlernt und ihre Interessen wirksam vertritt.

Ich höre schon die Stimmen, die mir sagen werden, ich stochere in alten Geschichten herum. Diese alten Geschichten gehören zu unserer Lebensgeschichte, ob wir nun ihre Verursacher, Beteiligte oder Objekte waren. In unserem eigenen Leben bleibt nichts, was wir tun oder lassen, ohne Folgen, und unausweichlich werden wir irgendwann mit diesen Folgen konfrontiert. Nicht nur das gegenwärtige Leben eines einzelnen Menschen, auch das einer Institution (und natürlich das einer Gesellschaft, eines Staates) geraten um so mehr in Gefahr, in unproduktive Stagnation zu verfallen, je weniger die Fehler, Konflikte und Widersprüche aus der Vergangenheit – auch und gerade die schmerzlichen und beschämenden – im Bewußtsein bleiben und verarbeitet werden. Die Gedanken, Vorschläge, das Aufbegehren, die Kritik von anderen, die wir nicht zulassen, sondern ausgrenzen, unterdrücken – die verdrängen wir zugleich in uns selbst; ein Teil unseres Denkens und Fühlens wird tabu, unsere Kreativität ist eingeschränkt, in einigen Fällen wurde sie zum Erliegen gebracht. Die meisten Kollegen werden wissen, wovon ich spreche. Gerne hätte ich die Worte und den Ton gefunden, die euch überzeugen könnten, daß ähnliches auch einer Institution passieren kann und daß der Schriftstellerverband, je mehr Integrationsfähigkeit und Offenheit er entwickelte, um so stärker befähigt wäre, jene schöpferische Rolle in der Gesellschaft zu spielen, die den Potenzen seiner Mitglieder entspricht.

Inhalt

Ein Modell von der anderen Art   7
Beitrag zum »ZEIT-Magazin der 100 Bilder«,
25.9.1987

Prioritäten setzen   13
Rede auf dem internationalen Friedensforum des
Schriftstellerverbandes der DDR, »Berlin – ein Ort für
den Frieden«, Mai 1987

Für Erich Fried zum 65. Geburtstag   21
Verlesen auf der öffentlichen Geburtstagsfeier für Erich
Fried in Wien im April 1986

Lieber Franz. Brief an Franz Fühmann   27
Als Beitrag abgedruckt in dem Gedenkbuch zum
65. Geburtstag von Franz Fühmann, »Zwischen
Erzählen und Schweigen«, Rostock 1987

Zum 80. Geburtstag von Hans Mayer   35
Rede, gehalten im März 1987 in der Akademie der
Künste, Berlin (West)

Laudatio für Thomas Brasch   53
Gehalten aus Anlaß der Verleihung des Kleist-Preises im
Oktober 1987 in Frankfurt a. M.

Dankrede für den Geschwister-Scholl-Preis 71
Gehalten im November 1987 in München

Zwei Plädoyers 83
*1. Brief an den Kongreß des Schriftstellerverbandes der
DDR in Berlin, November 1987
2. Rede auf der Berliner Bezirksversammlung des
Schriftstellerverbandes der DDR im März 1988*